KB220520

한 단어 사전, 인권人權

한 단어 사전, 인권

한 단어 사전 4

人權

히구치 요이치樋口陽一 지음
한림대학교 한림과학원 기획
송석원 옮김

푸른역사

한 단어 사전을 펴내며

한 마디 말에 역사가 있다. '자연'도 '나라'도 '기술'도 시대와 함께 그 의미를 변화시키고 또 시대의 층을 헤쳐 나옴으로써 의미 내용을 풍부하게 해왔다. 부정적인 의미가 긍정적인 것으로 변화하는 경우도 있다. 예를 들어 '와비ゎび(한적한 정취)·사비さび(예스럽고 차분한 아취)'가 그렇다. 이와 반대로 예전에는 성전聖戰으로서 긍정적인 의미를 띠었던 '전쟁'이 오늘날에는 부정적인 뉘앙스를 지니고 있다. 한 단어, 한 단어가 역사와 함께 살아 숨 쉬고 있다.

많은 언어가 다른 문화의 영향을 받는다. 현대 일본어는 예로부터 전해져 내려오는 일본어(야마토 고토바)와 중국에서 유입된 한자漢字·한어漢語로 이루어져 있다. 무로마치室町 이래, 특히 막부 말기·메이지 이래의 구미어歐美語에서 온 번역어와 구미어를 가나ヵナ문자로 표기한 외래어가 여기에 더해졌다. 번역어나 외래어의 의미 내용은 원어의 그것과 반드시 일치하지는 않는다. 그 차이는 문화의 차이를 예민하게 반영한다. 예컨대 메이지 초기에 번역어로 채용된 '자유'는 오해를 피하기 위해 주석이 필요할 정도였다.

번역은 말의 엄밀한 정의 위에서 행해진다. 원어와 번역어에 내재되어 있는 각각의 풍토 차이도 고찰의 대상이 된다. 이러한 작업을 필요로 하지 않는 외래어의 무한정한 유행은 바람직한 현상이라고 할 수는 없을 것이다.

오늘날에는 또한 말의 조작에 의한 대중 조작 현상도 보인다. 말의 의미를 고의적으로 왜곡시키고, 계획적으로 특정한 말이 유행하도록 만든다. 말에 대한 무감각을 조장하는 이러한 유행 현상은 원래는 문화나 우리 자신의 사회 생활과 아무런 관계도 없는 것이다.

말은 그 지시 작용을 통해 사물과 교류하지만, 그와 동시에 정의 이상의 맛을 내포하며 우리들 속에서 살아 숨 쉰다. 한 사람, 한 사람이 자신의 말로 말하고 인간으로서의 본 모습을 보다 풍요롭게 만들기 위해 우리는 한 단어 한 단어의 내력을 더듬고 그것을 역사적·문화적인 시야 속에서 검토하지 않으면 안 된다.《한 단어 사전》의 시도가 그 일에 조금이나마 도움이 되었으면 한다.

차례 | 한 단어 사전, 인권人權

한 단어 사전을 펴내며 004

인권의 현주소: 무엇이 문제인가
  1789년 선언 200주년 기념이라는 전기轉機와 인권 심벌 010
  인권의 복권과 그것에 대한 이의 제기 012

말言로서의 인권
  사상으로서의 인권과 실정법상의 인권 018
  누구의·누구에 대항하는·어떤 내용? 021
  국제 사회의 경우 024
  일본의 경우—'자유민권' 의 '빛과 그림자' 025
  대일본제국헌법—'신민의 권리' 028
  일본국헌법하에서 032

사상으로서의 인권: 좁은 의미의 '인' 권을 중심으로
  '인' 권의 근대성 038
  '인권' 의 앞면— '개인' 의 해방 040
  '법인法人의 인권' !? 044
  인권의 뒷면(1)—그 허위성 비판 048
  인권의 뒷면(2)— '강한 개인' 이 될 수 있는가 050
  인권의 뒷면(3)—정말로 '강한 개인' 이면 되는가 055
  인권의 뒷면(4)—약자의 인권은? 059
  문화다원주의 관점에서의 인권 비판 062
  문화의 상대성과 인권의 보편성 065

법제도 속의 인권: 넓은 의미의 인권을 포함해

자유권·참정권·사회권 072

마음의 자유와 돈의 자유 076

국가로부터의 자유와 사회적 권력으로부터의 자유 079

국가로부터의=형식적 자유와 국가에 의한=실질적 자유 081

개인의 인권과 집단에의 귀속 084

권리의 2단계 획정과 1단계 획정 087

'위헌 심사제 혁명' 090

인권 옹호자로서의 재판관—그 정당성 094

'국제화'와 인권 099

인권의 국제적 보장 방식 101

국제적 의의를 갖는 인권 보장 104

전후 일본의 인권론을 돌아보며—후주後注를 대신해 107

옮긴이의 글 112

주석 115

찾아보기 120

인권의 현주소: 무엇이 문제인가

1789년 선언 200주년 기념이라는 전기轉機와 인권 심벌

프랑스 혁명과 인권 선언 200주년에 해당하는 1989년 7월, 미테랑 대통령 주재로 경제선진국정상회의가 파리에서 열렸다. 이때 (지기 싫어하는?) 대처 수상이 "인권이라면 영국이 먼저"라고 말하고, 미테랑 대통령이 "그래도 세계를 일주한 것은 1789년 선언이다"라고 답했다는 이야기가 보도되었다. 이 문답은 각각의 화자가 머릿속에서 어떤 것을 생각하며 말했는지를 넘어 매우 함축적인 의미를 담고 있다.

대체로 헌법·정치와 관련된 일로 그 발전사의 레이스에서 선두에 섰던 국가는 영국이지만, 그 실상이 매우 경험적·비체계적이어서 타국의 제정법 문화의 모델이 되기 어려웠다는 것과, 한 발 늦게 발전한 프랑스가 도리어—아니 오히려 **그렇기 때문에** 선행하는 경험을 체계화·이론화할 수 있었던 것이지만—타국이 수용하기 쉬운 본보기를 많이 만들어 왔다는 점은 잘 알려진 사실이다. 1789년 선언이 "지구를 일주했다"고 자주 언급되는 것이 바로 그

한 사례이다. 그뿐만이 아니다. 《한 단어 사전》 시리즈의 한 권으로서 말들의 음미를 문제 삼고 있는 이 책의 경우에는 더욱 직접적으로 중요한 측면이 있다. 일본어로 '인권'이라고 하는 말은 나중에 다른 장에서 살펴보겠지만 참으로 다양한 의미로 사용되고 있는데, 그 일단을 각각 프랑스와 영국을 대표하는 두 정상의 대화 속에서 알 수 있기 때문이다.

'인권'을 근대법의 이념으로서 말할 때, (나중에 살펴보겠지만 그렇지 않은 용어법이 새로운 문제를 제기하고 있기 때문인데) 권력의 자의적인 지배에 대한 대항의 논리라는 성격이 공통의 전제로 여겨져 왔다. 다의적인 어법 속에서도 자의적 지배에 대한 제동, 권력 제한이라는 점이 최소한의 공통의 표지로 여겨져 왔다. 그리고 권력 제한의 논리가 근대법 시스템으로 편성될 때 강력한 본보기로 여겨진 것은 중세의 법 지배 전통이었다. 17세기 영국 혁명의 의회파 사람들이 마그나 카르타Magna Carta(1215)의 권위를 원용한 것이 그 전형적인 사례였다. 이러한 문맥에서는 영국 수상의 "우리가 먼저이다"라는 말은 근거가 없는 것이 아니었다.

그러나 중세의 법 지배의 관념은 봉건제 사회의 신분제에 기초를 두고 있다. 국왕이라도 권력을 독점할 수 없는 신분제 구조였기 때문에 "국왕도 신과 법 아래에 있는" 것으로 여겨지고 있었다. 영국 혁명을 마무리하는 1689년의 권리장전Bill of Rights이 '귀족 및 서민의' '옛날부터의 권리와 자유'를 확인하는 형식을 취한 것은 중세의 전통을 정식화해 계승하면서 근대를 연 것을 의미한다.

이에 반해 정확히 100년 후인 1789년의 프랑스는 신분제라는 사회 편성 원리를 정면으로 부정하고 그때까지의 '제3신분'(여기의 신분제 의회는 성직 귀족과 세속 귀족과 '제3신분'의 삼부회 편성이었다)이 '국민'이 된다. 여기서는 신분에서 해방된 '인간' 일반이 끄집어내어지고, 그러한 개인을 주체로 하는 '인'권의 논리가 처음으로 성립한다. 1789년 선언의 표제가 '인'권을 내건 것은 그런 의미에서 역시 획기적인 일이었다(Déclaration des droits de l' *homme* et du citoyen— '시민'의 권리의 함의에 대해서는 후술).

인권의 복권과 그것에 대한 이의 제기

1989년은 개인의 자립과 자율을 핵심으로 하는 엄격히 한정된 좁은 의미의 '인'권(1789년의 인권 선언)이든, 보다 느슨한 의미에서 자의적 권력을 제한하는 논리 일반으로서의 인권(1689년의 권리 장전)이든 인권 심벌의 복권을 강하게 인상지웠다.

그때까지 인권을 "부르주아지에 의한 착취를 은폐하는 허위 표상"이라고 비난해 왔던 구舊동유럽 세계에서 대변동이 일어났다. 공산당 일당 지배가 잇따라 붕괴하고 소련이 해체되기에 이르는 일련의 사건 속에서 예컨대 러시아에서 '인간의 권리 및 자유 선언'(1991년 9월 5일)이 제정되기에 이른다.

'동쪽' 세계의 일뿐만이 아니다. 실은 인권의 모국이라고도 할 수 있는 프랑스에서도 인권 규범에서 헌법으로서의 법적 가치를 발견하고 그것을 헌법 재판을 통해 확보한다는 실정법상의 장치가 1970년대에 들어와 비로소 작동하게 된다. 다른 한편으로 인권 선언의 사상적 우위—항상 변천하며 가만히 있지 않는 실정법보다 높은 곳에 위치한다는 견해—가 법률가 사이에서는 확실히 인정되고 있었다고 할 수 있다. 그러나 이 나라의 사상계나 논단의 차원에서는 많든 적든 마르크스주의적인 사조의 영향도 있어서 오히려 인권의 허위 이데올로기성을 비판하는 경향이 강했다. 그에 비해 1970~1980년대 이후, '데모크라시'—문자 그대로 데모스(인민)의 지배—를 대신해 '인권'이 키워드가 되고 그것을 재판 절차로 확보하는 방식이 '입헌주의', '법치주의'라고 불리며 지식인 사이에서 '법'적인 것에 대한 관심이 널리 공유되는 현저한 변화가 있었다.

그러나 1789년 선언 200주년의 축제적인 분위기와 함께 전개된 프랑스 내외에서의 인권 복권이 무조건적인 인권 구가謳歌로 끝난 것은 아니었다.

그렇다 하더라도 문제가 되는 것은 인권의 이념과 현실 사이의 차이가 아니다. 물론 지구상의 압도적으로 많은 지역에서 절망적일 정도의 인권 침해·파괴 상황이 끊이지 않고 있다는 것은 그 자체로서 아무리 강조해도 부족할 정도로 중대한 사태이다. 그러나 여기서 문제가 되는 것은 인권이라는 이념 자체에 대한 이의 제기와 관련되어 있다.

1991년에 인권론을 특집으로 다룬 《법과 문화Droit et culture》 (no.22) 지에 게재된 〈인권을 재판한다〉라는 제목의 논설은 이렇게 기술하고 있다.

'인권'을 창조한 문화는 다양한 방식으로 그것을 재판하는 소추를 한 문화이기도 했다. 지금은 현실에서의 '인권' 승리(현실 세계에서의 원칙 이라는 의미—저자 주)가 기묘하게도 이론 장면에서의 그 근거의 위기와 동시에 나타나고 있다(G. Courtois).

'다양한 방식'을 대표하는 것은 사회주의 사상이기도 하고 반식 민지주의이기도 하고 페미니즘이기도 했다. 위 인용문의 필자는 법인류학적인 관심에서 논의를 전개하기 시작함으로써 문화상대 주의 내지는 문화다원주의의 입장에서 인권이라는 이념 자체의 보편성에 의문을 제기한다.

사회주의, 반식민지주의, 페미니즘의 입장에서의 인권 비판은 나중에 다시 다루겠지만 우선 '인'권이 그럴 듯하게 내세운 명목 에도 불구하고 프롤레타리아트나 식민지 인민, 여성에게는 미치 고 있지 않다는 허위성을 드러낸 것이었다. 그리고 인권 이념의 보편성을 주장하는 측도 그러한 물음에 어쩔 수 없이 답하게 됨으 로써 자기 자신의 내용을 많든 적든 풍부하게 만들어 왔다(사회권 이나 여성의 권리의 승인). 그것과는 별도로 인권이라는 개념 자체를 그와 다른 문화의 이름하에 비판의 대상으로 삼는 논의가 있다(문화상대주의 내지 문화다원주의). 인권 측은 그러한 비판으로부터도 자기 자신을 풍부하게 만드는 계기를 이끌어 낼 수 있을까?

그것이 무엇보다도 중요한 문제이다.

말글로서의
인권

사상으로서의 인권과 실정법상의 인권

'인권'이라는 지금의 일본어('지금의'라는 것의 의미에 대해서는 뒤에서 언급한다)가 그대로 대응하는 것은 human rights, droits de l' homme, Menschenrechte라는 말이다. 번거롭게도 이 영어, 프랑스어, 독일어가 표현하고 있는 함의가 전적으로 같다고는 할 수 없다. 게다가 각각의 언어권에는 일본어로 넓은 의미에서 인권이라고 의역해도 무방한 별도의 용어군이 있다. 뒤에서 곧 살펴보겠지만 civil rights, civil liberties, libertés publiques, öffentliches Recht, Grundrechte 등이 그것이다. 이리하여 상황이 아주 복잡해지게 되었다.

복잡하게 뒤얽힌 상황을 정리하기 위한 좌표축으로서 몇 가지를 순차적으로 살펴보기로 하자. 우선 맨 처음으로 사상으로서의 인권 내지 자연법상의 인권과 실정법상의 인권 구별이 있다.

어느 특정 시기의 특정 사회에 법으로서 현재 존재하고 있는 것을 실정법이라고 한다. 근대 사회에서는 공권력을 담당하는 국가에 의해 강제되는 규범이 실정법이다. 이에 대해 당연히 있어야 하는 법이 사상의 세계에서 구상되고 주장된다. 신의 뜻[神意]이나 이성을 근거로 해 당연히 있어야 하는 법이 동시에 현재의 법이기도 하다는 생각이 자연법이라는 이름으로 주장되는 일도 있다.

'인권'에 그대로 대응하는 human rights/droits de l'homme라는 말은 자연법의 뉘앙스를 강하게 띠고 있다. 1789년의 인간과 시민의 제 권리 선언[1]은 최근(1970년대 이후)에 프랑스에서 실정 헌법으로서의 효력을 승인받아 헌법 재판에서 위헌 심사 기준의 역할을 하게 되었지만 그때까지 2세기 가까운 기간은 그렇지 않았다. 이 '선언'은 프랑스에서 빈번히 교체되어 온 헌법전憲法典의 변화무쌍함[有爲轉變]을 초월해 존재하는 사상으로서의 무게—어떤 사람들에게는 근대 프랑스의 기본 이념으로서, 그와 반대로 어떤 사람들에게는 현실의 지배 관계를 은폐하는 이데올로기로서—를 지닌 것이기는 해도 실정법상의 존재는 아니었다. 인권을 '선언'한다는 표현 자체가 이중의 의미에서 시사적이었다. 하나는 '선언'이라서 재판적 보장을 수반하지 않는다는 의미에서이고, 다른 하나는 인간의 의사에 의해 제정된 것이 아니라 신의 의사나 이성의 세계에 내재되어 있는 것을 '선언'한 것이라는 의미에서이다.

이에 대해 프랑스에서는 실정법상의 권리·자유는 libertés publiques(직역하면 공적인 자유들)라 불리며, 헌법 재판이 제도화되어 있지 않았던 시대에는 그 내용은 법률—내지 그것과 동등한 효력을 갖는 '법의 일반 원리'—을 근거로 행정재판소에 의해 보장되는 제 권리였다.

　human rights라는 말의 이념적 색채는 국제법의 장면에서 존중되어야 하는 이념을 가리키며 이 말을 사용할 때에도 나타난다. 포츠담선언(1945년 7월 26일)이 "기본적 인권fundamental human rights의 존중과 더불어 확립될 것이다"(10항)라고 강조하고, 유엔헌장(1945년 6월 26일 서명)이 "인종, 성, 언어 또는 종교에 의한 차별 없이 모든 사람을 위해 인권 및 기본적 자유를 존중하도록 조장·장려하는 일과 관련해 국제 협력을 달성하는 것"(1조 3항)을 유엔의 목적으로 내세우고, 세계인권선언(1948년 12월 10일, 유엔총회에서 채택)이 '인권'을 '선언'한 것 등은 모두 이러한 문맥에서 이루어진 일이었다.

　미국에서 실정법상의 권리를 가리킬 때는 civil rights 내지 civil liberties라는 말이 많이 사용된다. 이것도 일본어에서 넓은 의미의 인권이라는 용법으로 쓰일 때에는 바로 인권으로 의역해도 되지만, 원어의 뉘앙스가 풍기는 번역어로는 '시민적 권리' 내지 '시민적 자유'가 될 것이다. '공민권', '시민권'이라는 번역어도 유포되어 있지만 전자는 참정권, 후자는 국적이라는 의미에서의 citizenship과 혼동되기 쉽다. 이것들과는 다른 차원에서 위헌성 사법 심사의 법기술法技術로서 fundamental rights라는 용어가 사용될 때가 있다. 헌법상의 권리로 여겨지는 것들은 입법 재량을 존중해 느슨한 심사 기준을 적용시켜야 할 것과 엄격한 심사를 요하는 대상으로 나누고 후자를 골라내기 위해 '근원적' 권리인가 아닌가 하는 기준을 사용하는 것이다.

독일어권에서는 실정법상의 권리를 가리킬 때에는 전통적으로 öffentliches Recht(공권)라는 말이 사용되어 왔다. 독일계의 공권론은 법률에 의해 행정에 대항해 보장되는 권리를 공법상의 청구권으로 구성했다. 헌법 재판 제도가 정비된 전후 독일(구서독)에서 그 기본법(헌법에 해당한다)은 권리 조항을 규정한 장章에 'Grundrechte'(기본권)라는 제목을 붙이고 있다.

일찍이 독일어권에서는 '기본권'이라는 용어는 '인권Menschenrechte'이라는 말에 부착된 사상성을 거부하는 함의를 지니게 되는 경우가 많았고, 사회주의권에서는 '인권'의 추상성에 대해 보다 구체적인 '참'권리를 가리키는 것으로 사용되어 왔다. 오늘날 그러한 함의는 과거의 일이 되어 버렸다. 프랑스어권에서 실정화되어 재판 규범 차원의 존재가 된 '인권'을 가리키는 데 droits fondamentaux라는 말이 사용되는 일이 많아진 것이 그 결과라고 할 수 있다.

누구의·누구에 대항하는·어떤 내용?

인권의 사상사를 통해 가장 좁은 의미, 즉 본래 의미에서의 '인'권을 정식화한 것은 이 책의 맨 앞부분에서 문제 삼았던 의미에서 역시 1789년의 〈인간과 시민의 제 권리 선언〉이었다. 이 선언에서 비로소 신분적 귀속에서 해방된 '인간' 일반으로서의 개인이 바로

'인' 권의 주체가 되었기 때문이다. 1789년에 발표된 이 선언의 표제가 '인간homme'의 권리와 함께 '시민citoyen'의 권리를 구별하고 있는 것이 중요하다. 여기서 '시민'이라는 말은 루소Jean-Jacques Rousseau(1712~1778) 이래의 함의로 사용되고 있고, 주권자를 전체로 파악한 것이 '인민peuple'이며, 주권의 행사와 관련된 개개인에 주목할 때에는 '시민'이 언급된다. "우리는 시민이 되어야 비로소 인간이 된다"(루소, 《사회계약론 제네바 초고》)고 할 정도로 '시민'의 권리가 중시된다. 또한 '시민의 권리'와 구별되는 '인권'은 바로 '이기적 인간, 인간과 공동 사회로부터 분리된 인간의 권리', '사적 소유에 대한 인간의 권리'라는 맥락에서 '시민의 권리'가 키워드로 여겨진다(마르크스, 《유대인 문제에 대해》). 어쨌든 '시민의 권리'는 원칙적으로 이미 '인간' 일반의 권리와는 구별되고 있다. 이러한 어법에서 보면 노동자가 노동자이기 때문에 주체가 되는 ——'인간' 일반이기 때문이 아니다——노동기본권도 '인' 권과는 논리적으로 구별되기에 이른다.

그렇기는 하지만 이와 같이 가장 좁은 의미로 한정하는 것이 프랑스어권에서도 반드시 일관되고 있지는 않다. 노동 기본권 등을 제2세대의 인권으로 생각하는 논리의 틀에 따라 아주 새롭게 주장되는 일군의 권리 유형——환경에 대한 권리, 발전에 대한 권리, 평화에 대한 권리 등——을 '제3세대의 인권droits de l'homme de la troisième génération'이라고 부르는 표현이 있기 때문이다. 영어권에서는 human rights가 보다 확장되어 사용된다. civil rights(이 문맥에서는 고전적인 자유를 의미한다)에서 시작되어 political rights(참정권)와 social rights(사회권)로 전개되는 것이 human rights의 확대로 일괄되는 것이 그 한 예이다.

누구에게 대항해 들이대는 권리인가 하는 점에서 보면 어떨까. 근대 사회에서는 국가가 공권력을 독점하고 있어 **국가로부터의 자유**가 곧 인권이라는 생각이 근대법·법학의 공통적인 인식이었다. 공권력으로부터의 자유를 '근대인의 자유liberté des modernes'라고 부르며 공권력에 참가할 자유를 중심으로 한 '고대인의 자유liberté des anciens'와 대비한 것은 뱅자맹 콩스탕B. Constant(1767~1830)[2]이었다. 공권력, 즉 국가로부터의 자유로서의 인권은 사인私人 간의 관계 문제는 사적 자치에 맡긴다는 입장을 취하고 있었지만 '등질等質의 사인'이라는 의제擬制가 유지되기 어렵게 되자 사적 권력 내지 사회적 권력으로부터의 자유를 어떻게 확보할 것인지가 문제가 되기에 이른다. '인권의 사인 간 효력'이라고 일컬어지는 문제이다.

공권력=국가로부터이든 사회적 권력으로부터이든 자유는 방해의 배제라는 것을 의미한다. 이에 대해 국가에 적극적인 일을 시키는 것, 급부給付를 청구하는 것을 내용으로 하는 권리가 언급된다. 생존권을 비롯한 '사회권적 인권'이라고 불리는 것의 등장이다.

국제 사회의 경우

국제 사회에서 '인권'이라는 말이 사용될 때도 내용의 중점이 놓이는 방식은 한결같지 않다.

세계인권선언[3]이 '인권'을 소리 높이 강조했을 때, 유엔총회에서의 표결 상황을 보면 찬성 48개국에 대해 소련·동유럽 6개국과 사우디아라비아, 남아프리카연방이 기권했다. 제3세계 국가들이 독립해 가맹하게 되는 1960년대에 이르러 보통 국제인권규약[4]이라고 불릴 때가 많은 두 개의 조약이 성립된다. A규약이라고 불리는 '경제적·사회적 및 문화적 권리에 관한 국제 규약'과 B규약이라고 불리는 '시민적 및 정치적 권리에 관한 국제 규약'이 1966년 12월 16일에 유엔총회에서 채택되었다.

세계인권선언은 서유럽적인 '인권'을 전면에 내세우고 있는 데 반해, 1966년의 두 조약은 각기 그 제1조에서 "모든 인민은 자결의 권리를 갖는다"고 규정하고 있는 것이 시사하는 바와 같이 'people'이라는 집단이 권리의 주체라는 사고를 내세우고 있다는 점에서 제3세계의 세계관을 반영하고 있다. 1981년에 아프리카통일기구OAU[5] 정상회의에서 채택된 〈인간 및 인민의 권리에 관한 아프리카헌장〉(반줄Banjul헌장, 1986년 발효)은 아프리카의 독자성을 강조하는 입장에서 아프리카 문화의 가치를 유지·강화하고 아프리카의 통일을 촉진하기 위해 공헌할 개인의 의무도 정해 놓고 있다.

국제 정치에서도 제3세계의 독재 내지 강권적 통치에 대해 유럽형 선진국 측으로부터는 '인권'을 위한 간섭의 정당성이 강조되고, 제3세계 측으로부터는 인민의 '자결의 권리'를 원용해 간섭이 비난받는다. 제3세계 측은 인권을 명분으로 삼아 예컨대 '인민'의 '발전의 권리'를 주장하는 데 반해, 서유럽 측은 조롱의 뉘앙스를 담아 '유엔적 인권 관념conception onusienne des droits de l'*homme*' 등으로 평하기도 한다.

일본의 경우— '자유민권'의 '빛과 그림자'

'천부인권'이라는 말은 일본 근대화의 비교적 초기부터 알려져 있었다. 1925년은 사상 탄압의 전형이라고도 할 수 있는 치안유지법이 만들어진 해인데, 같은 해에 출판된《고지린廣辭林》(三省堂)은 '인권'을 설명하며 '② 인격권'이라고 고쳐 말하고 '③ 인류가 태어나면서 향유하는 자유평등의 권리, 즉 천부인권'이라고 말하고 있다(또한 여기서는 '인권'의 첫 번째 뜻을 '① 채권'으로 보고 있었다. 민법상의 물권에 대한 채권이 그렇게 불린 것이다. 이것은 1907년의《지린辭林》도 마찬가지이다).

현실 정치에서는 뭐니 뭐니 해도 '자유민권自由民權'이 가장 각광을 받고 있었다.

자유민권의 사상과 운동[6]에는 '빛과 그림자'와 같은 흔해 빠진 표현으로는 파악할 수 없을 정도의 교훈을 1세기 이상 지난 지금에서도 얻을 수 있다. 1881년 전후를 중심으로 '그야말로 헌법 사안憲法私案 시대'라고도 할 수 있을 정도로 많은 헌법 사안'(하야시 시게루林茂,《근대 일본 정당사 연구近代日本政黨史硏究》, みすず書房, 1996. 이 책에는 1930년대부터 축적되어 오고 있었던 사료 발굴 작업의 결과가 재수록되어 있다)이 만들어지고 있었다. 오늘날에는 "무릇 국가란 무엇인가, 인민이 있은 연후에 성립하는 것 아닌가. …… 민권 보전이 국가 형성의 목적이다. 제도와 헌법을 제정하는 것은 민권을 보전하기 위한 방편이다"라는 입장에서 '일본국국헌안' (1881)에 "정부가 제멋대로 국헌을 위반하고 제멋대로 인민의 자유와 권리를 침해하며 건국의 취지를 방해할 때, 일본 국민은 이를 복멸覆滅[8]시키고 신정부를 건설할 수 있다"는 저항권 조항까지 삽입했던 우에키 에모리植木枝盛(1857~1892)[9]의 일(이에나가 사부로 家永三郎,《혁명 사상의 선구자─우에키 에모리의 인간상과 사상革命思想の先驅者─植木枝盛の人と思想》, 岩波新書, 1955), 다마多摩 산중의 무명의 농민들 사이에서 만들어지고 있었던, '지바 다쿠사부로千葉卓三郎'[10]가 기초한 이쓰카이치五日市 헌법 사안의 일(이로카와 다이키치 色川大吉 외 편,《민중 헌법의 창조民衆憲法の創造》, 評論社, 1970) 등이 독서인 일반에 널리 알려지게 되었다. 패전을 계기로 제정된 헌법을 갖게 된 20세기 후반의 일본인들에게 그것은 또한 '신헌법'이 적어도 일본인의 정신사와 전혀 무관한 외래물이 아니라는 것을 시사해 주는 것이기도 했다.

그러나 또한 자유민권 운동이 민선 의원·국회 개설 요구라는
정치 과제에만 관심을 집중시키고 있었던 데 따른 문제점에 눈을
돌리는 것도 필요하다.

그때 '민' 권이라는 표현이 내포하고 있었던 한 가지 뉘앙스가
중요했다. 민권 운동가들이 즐겨 불렀다는 〈요시야부시よしや節〉[11]
에 "요시야(설령) 시빌civil이 부자유스럽더라도 폴리티컬political만
이라도 자유스럽다면……"이라는 구절이 있다. 이것은 1789년 선
언의 용어에 의거해 말하면 '인간의 권리' 는 어찌 되었든 '시민의
권리' =정치 참여가 중요하다는 것이다. 루소가 고전 고대로 거슬
러 올라가는 전통을 원용해 '시민의 권리' 를 중시한 것은 '시민이
되어야 비로소 인간이 된다' 는 맥락에서였다. '폴리티컬' 중시라
는 점에서는 공통적이지만 그것에 실린 전망의 유무는 1789년의
프랑스와 1889년(대일본제국헌법 발포)을 앞둔 일본에서 대조적으
로 나타났다고 말하지 않을 수 없다.

자유민권을 논하는 사람이 모두 그랬다는 것은 아니다. 앞에서
언급한 우에키 에모리는 "천부인권이라는 것을 말하는 사람은 반
드시 국가·법률의 유무와 관계없이, 곧바로 하늘에서 증거가 될
만한 것을 찾아 이것을 외치는 것이다"라고 하면서, **"사람으로서
스스로 生活해 나가야 하는 도리가 있고 또 그 생활을 해나가는
것을 방해하는 것을 방어해야 할 도리도 있다"**고 말했다.《근사평
론近事評論》20호(1876)는 다음과 같이 갈파하고 있다. "우리 인민
이 의원議院을 창립함으로써 정권을 획득하고자 하는 것은 다름이

아니라 단지 신체의 권리처럼, 사유의 권리처럼 인권civil rights을 공고히 해 전례 없는 인생의 행복을 보호 유지하려는 것뿐이다. 그런데도 세상의 뜻있는 인사들이 담론하는 바를 들으면 언변이 강개·격렬해 대단히 사람의 마음을 감동시킬 만하다고 하더라도 그 주안점이 단지 정권 일변도이며 **인권의 손상 여부에 간섭하는 것이 극히 적다**"(이 단락의 인용문을 포함해서 '메이지 정신의 구조'를 국가·정사에 대한 관심과 자아 의식의 태동의 교착 속에서 그려 내는 것으로 마쓰모토 산노스케松本三之介,《메이지 정신의 구조明治精神の構造》[岩波同時代ライブラリー, 1993]를 참조).

그러나 바로 거기에서 비판되고 있었던 대세, 즉 '인' 권보다 '민' 권·'정권'이라는 이 입장은 나중에 '기본적 인권'의 이념을 실정법화한 일본국헌법도 가장 좁은 의미의 '인' 권—공동체에서 해방된 개인을 주체로 하는 그것—보다 '먼저 단결'을 강조하는 형태를 취하며 계승될 것이다.

대일본제국헌법— '신민의 권리'

1881~1882년을 정점으로 자유민권 운동은 탄압과 내부 붕괴로 조수가 빠지듯이 후퇴해 나간다. 이와 병행해 지난날 진보주의자 가토 히로유키加藤弘之(1836~1916)[12]의《인권신설人權新說》(1882)은 천부인권을 "전혀 실존하지 않는다"라며 무시해 버리고 스펜서류

의 '진화주의'를 '좋아 날뛰며' '기쁘게' 받아들이게 된다.

1889년의 '헌법 발포 칙어'는 "국가 통치의 대권 ……을 선조로부터 이어받아 이를 자손에게 전하는" 천황이 "신민의 권리 및 재산의 안전을 존중하고 또 이를 보호하며 헌법 및 법률의 범위 내에서의 향유를 완전케 함을 선언"하는 것이었다. 헌법상의 권리는 '신민의 권리'(제2장의 표제)로 정식화되는 데 그치고, '인권'은 전혀 언급되지 않았다.

그 '신민의 권리'도 아니고 "신민의 분수分際로 수정하려"고 한 모리 아리노리森有禮(1847~1889)[13]의 주장에 대해, 이토 히로부미伊藤博文(1841~1909)가 "헌법학과 국법학에 퇴거를 명한 주장이라고 할 수 있다. 원래 헌법을 창설하는 정신은 첫째 군권을 제한하고, 둘째 신민의 권리를 보호하는 데 있다. 따라서 만약 헌법에 신민의 권리를 열거하지 않고 단지 책임만을 기재한다면 헌법을 만들 필요가 없다" 하고 반격한 것(1888년 6월 22일, 추밀원)은 잘 알려진 사실이다. 이토가 말하는 것은 '헌법을 창설'하는 것의 의미에 대한 상식적으로 올바른 생각이었다고 할 수 있다. 그러나 모리의 재반론 속에 들어 있었던 논리의 의미는 지금의 우리에게도 중요하다. 그는 "신민의 재산과 언론의 자유 등은 **인민이 자연 그대로天然 소유하는 것으로** 법률의 범위 내에서 그것을 보호하거나 혹은 그것을 제한하는 것이다. 따라서 **헌법에서 이러한 권리들이 처음 생긴 것처럼 주장해서는 안 된다.** 그러므로 권리·의무라는 글자 대신 분수라는 글자를 사용하고자 한다. …… 설사 여기에서 권리·의무라는 글자를 제외하더라도 신민은 여전히 재산의 권리와 언론의 자유를 소유하는 것이다……"라고 설명하고 있기 때문이다. 히나타 야스시日向康[14]의《하야시 다케지·하늘의 일林竹二·天の仕事》(現代敎養文庫, 社會思想社, 1992)은 "언뜻 보기에 이토 히로부미 쪽이 헌법에 입각하고 있는 것처럼 느껴지지만, 나는 모리가 권리 문제를 한층 더 깊이 파악하고 있다고 생각합니다"라는 하야시 다케지(1906~1985)[15]의 지적을 전하고 있다. 논리적으로 이토가 실정법주의자라면 모리는 확실히 '인민이 자연 그대로 소유하는' 권리=인권 사상을 개진하고 있다. 그러나 또한 이 시점의 역사적 문맥을 빼놓은 채 한 걸음 더 나아간 논의를 하는 것이 어떤 위험을 초래할 것인지도 이 에피소드는 보여 주고 있는 것이 아닐까.

그런데 헌법이 발포되기 2년 전인 1887년에 출판된 나카에 조민中江兆民(1847~1901)[16]의《삼취인경륜문답三醉人經綸問答》은 '남해 선생'에게 '아래로부터 나아가 그것을 취하는' '회복恢復적 민권'과 '군주·재상'이 '은혜를 베풀며 주는 것'에 의존하는 '은사恩賜적 민권'을 대치시키며 '은사적 민권'이라도 그것을 '회복적 민권과 어깨를 나란히 할 수 있게' 하는 '진화의 이치'를 설명하고 있었다(인용은 구와바라 다케오桑原武夫·시마다 겐지島田虔次 역·교주, 岩波文庫, 1965). 이 재편의 논리에 진심으로 몰두하고 좌절의 발자취를 통해 귀중한 유산을 남겨 준 것이 다나카 쇼조田中正造(1841~1913)였다고 할 수 있을 것이다.

그렇기는 하지만 제국헌법하의 일본에서도 '인권 유린'이라는 말은 사용되고 있었다. 앞에서 언급한 1925년의 《고지린》은 "관리가 국민의 인권을 무시하며 직권을 남용해 자유를 속박하고 무법적인 행동을 하는 것"이라고 설명하고 있다. 예컨대 제국의회에서의 다음과 같은 고발 발언에 주의를 기울이고 싶다.

……오늘날 인권 유린이 폭행·협박의 동기나 원인을 이루기에 이른 것은 주로 공산당원 검거와 관련해 사법 경찰관이 그를 조사할 때 부당하게 구류하고 자백을 강요하는 수단으로 사용되었기 때문입니다. 예컨대 그를 천정에 매달고 죽도竹刀로 두들겨팹니다. 혹은 연필 등을 손가락 사이에 끼우고 강하게 쥐어 고통을 줍니다. 또는 코로 물을 집어넣어 고통을 주거나 소로반제메算盤攻め[17]라는 마치 도쿠가와德川 시대의 고문 같은 것을 가해 범인을 자백시키는 따위의 일이 대체로 공산당원 검거에서 발단한 것으로 우리는 생각하고 있습니다. …… 이러한 인권 유린의 사실은 전국 도처의 경찰관이 그것을 자행하고 있기 때문에 이 점과 관련해 의회 때마다 문제가 됩니다. 시급히 이러한 것을 중단시키는 조치를 취할 생각이 있습니까. 어떻습니까(1936년 5월 19일, 히토츠마쓰 사다요시一松定吉[18] 의원).

하지만 그것은 그렇다 하더라도 '서양의 천부인권, 민부국권民賦國權'에 대해서는 '일본의 국부인권國賦人權, 천부국권天賦國權', '서양인의 인격人格'에 대해서는 '일본인의 국격國格'(가와카미 하지메河上肇, 〈일본의 독특한 국가주의日本独特の国家主義〉, 1911)으로 비판적으로 파악된 대일본제국의 골격은 다이쇼大正 데모크라시를 거친 뒤에도 흔들리지 않았다. 이 골격은 1930년대로 향하면서 사태가 악화되어 가는 가운데 드러나게 된다. "일본국 국민들의 민주주의적 경향을 부활시키고 강화시키는 것을 가로막는 일체의 장애물을 제거"(포츠담선언 10항)하기 위해서는 제국 헌법의 입헌적 운용으로 복귀하는 것만으로는 부족할 것이다.

일본국헌법하에서

일본국헌법은 인권 보장을 주안점으로 삼고 있다. '신민의 권리'를 인정하는 데 머무르고 있었던 대일본제국헌법과의 차이는 명확하다. 이 점을 가장 잘 표현하고 있는 조문은 "모든 국민은 개인으로서 존중된다"는 13조이다. 여기서는 그러나 '인권'이라는 말의 사용법을 조문에 맞춰 점검해 보자. 보통 '인권 조항'이라고 불리고 있는 헌법 제3장(10~40조)의 표제는 '국민의 권리와 의무'로 되어 있다. 인권이라는 말은 '기본적 인권'이라는 표현으로 그 영구 불가침성을 강조하는 조항 속에서 사용되고 있다.

헌법 11조
국민은 모든 기본적 인권의 향유를 방해받지 않는다. 이 헌법이 국민에게 보장하는 기본적 인권은 침해할 수 없는 영구적인 권리로서 현재 및 장래의 국민에게 부여된다.

헌법 97조
이 헌법이 일본국민에게 보장하는 기본적 인권은 인류의 다년간에 걸
친 자유 획득의 노력의 성과로, 이 권리들은 지난날 수많은 시련을 견
뎌 내고 현재 및 장래의 국민에 대해 침해할 수 없는 영구적인 권리로
서 신탁된 것이다.

이렇게 보면 먼저 '인권'과 '기본적 인권'의 차이가 문제가 된
다. 이 점에 대해서는 보통 '인권론'이라는 말로 가리켜져 온 영역
에 대한 체계적인 저서에 굳이 '헌법이 보장하는 권리'라는 표제
를 붙인 저자가 이렇게 기술하고 있다.

'기본적 인권'이라는 말은 '인권', 즉 '인간의 권리' 가운데 특히 기본
적·본질적인 것이라는 의미를 담아 성립한 것이 틀림없는데, 일단 '인
간의 권리'라는 표현을 쓸 경우에는 대개 '인간 존재의 기본적 권리'를
함의하기 때문에 모든 '인권'이 '기본적 인권'일 것이다. '인권' 속에
'기본적 인권'과 '비기본적 인권' 두 종류가 있을 리 없다고 생각한다.
이하, 양자를 상호 교환적으로 사용한다(오쿠타이라 야스히로奥平康弘,
《헌법 Ⅲ·헌법이 보장하는 권리憲法 Ⅲ·憲法が保障する權利》, 有斐閣, 1993,
19~20쪽).

다음으로 '헌법이 보장하는 권리' 일반과 헌법 11조, 97조가 영구불가침이라고 강조하는 '기본적 인권'은 같은 것일까, 아니면 다른 것일까.

둘 사이의 경계선을 어디에 그을 것인가 하는 문제와 별도로, 앞에서 인용한《헌법 Ⅲ·헌법이 보장하는 권리》의 저자는 헌법상의 권리 일반과 인권 내지 기본적 인권을 간단히 동일시해 버리지 않는 사고방식을 의식적으로 강하게 주장하고 있다.

알고 보면 '인권'은 철학적·윤리적·도덕적인 주장으로 등장했고, 오늘날에도 결코 단지 실정 법률학의 세계에 머무르지 않고 도덕철학·정치철학·법철학의 무대에서 중요한 테마 중 하나가 되고 있다. 즉 '기본적 인권'이라는 관념은 실정법 세계의 밖이나 그것을 넘어선 곳에 **활발하게** 살아 있고, 바로 그런 점에서 각별한 의의를 지니고 있다. 무슨 말인가 하면 이 관념은 실정법이 아직 승인하지 않았거나 불충분하게만 승인하고 있는 어떤 종류의 가치를 현실의 생활 세계에서 어떤 형태로—가장 바람직한 것은 실정법화하는 형태이지만—실현해야 한다고 주장하기 위해(혹은 이러한 주장을 정당화하기 위해) 이용되는 경향이 강하다. 오해를 무릅쓰고 말하면 '권리'가 아닌 것(혹은 불충분하게만 '권리'로 여겨지고 있는 것)을 목표로 삼아 그 '권리화'(혹은 충분한 '권리화')를 요구하는 맥락에서 '기본적 인권'이 언급되어 온 경우가 많다. …… 어폐가 있지만 굳이 말하자면 '인권'이라는 것은 야성미가 흘러넘치고 팔팔한 사나운 말과 같다. 이것을 사람들이 헌법적 질서에 적합하도록 길들임으로써 '인권'이 '헌법이 보장하는 권리'가 된다. 이 것에 의해 '인권'이 본성을 헌법 제도상 발휘할 수 있게 된다(위의 책, 20~21쪽).

인권 내지 기본적 인권 속에서 '배경적 권리', 즉 '각각의 시대의 인간 존재와 관련된 요청에 부응해 여러 가지 주장되는 것', '법적 권리', 즉 '주로 헌법 규정상 근거를 갖는 권리', '구체적 권리', 즉 재판상의 구제를 요구할 수 있는 권리를 구별하는 제창(사토 고지佐藤幸治, 《헌법憲法》 제3판, 青林書院, 1995)은 인권이라는 용어를 널리 해석하면서도 그 속에서 '사나운 말 같은' 것을 배경적 권리라고 부르며 구분하는 것을 의미한다.

헌법상의 권리―나아가서는 국제법의 장면에서 문제가 되는 것 ―를 널리 인권이라고 부르는 말의 용법이 실제로 존재하고 있으며, 그러한 용법 자체는 나쁜 것이 아니다. 그러나 이 경우에도 가장 좁은 의미의 '인'권이 지니는 사상적 의의를 끝까지 파고들어 파악해 두는 것은 넓은 의미에서의 인권을 실정법 차원에서 적절히 다루어 가기 위해서도 불가결한 일이다. 이 책 '사전'은 그러한 입장에 서서 다음에서 〈사상으로서의 인권: 좁은 의미의 '인'권을 중심으로〉와 〈법제도 속의 인권: 넓은 의미의 인권을 포함해〉의 순서로 문제를 살펴보고자 한다.

사상으로서의 인권:
좁은 의미의 '인'권을 중심으로

❖

●●● '인권' 이라는 말 내지 일본어로 '인권' 이라는 말이 느슨한 의
미로 사용될 때 이에 대응하는 영어 · 프랑스어 · 독일어를 둘러싸고
복잡하게 뒤얽힌 상황을 대략적으로 살펴보았다. 《한 단어 사전—語の
辭典》으로서 '인권' 을 다루는, 말하자면 그 입구에서였다. 좀 더 깊이
파고들어 논의를 해나가려는 이 시점에서 사상으로서의 인권과 실정
법상의 제도 속의 인권으로 크게 구별해 나누기로 하자. 전자의 장면
에서는 가장 좁은 의미의 '인' 권에 관심을 집중함으로써 인권의 사상
성을 끝까지 파고들어 그곳에 남아 있는 문제점을 밝혀내고자 한다.
후자의 장면에서는 인권이라는 이름으로 불리는 실정법 제도의 실상
을 굳이 널리 다룸으로써 가장 좁은 의미의 '인' 권이라는 사상이 지니
는 의미를 탐색하고자 한다.

'인' 권의 근대성

인권이 말뜻 그대로 '인간' 의 권리라는 것이 무엇보다 문제이

다. 신분에 귀속되기 때문이 아니라, 인간 일반으로서의 개인이기 때문에 권리의 주체로 여겨지게 된 데 바로 인권의 근대성이 있다.

그런데, 사회계약설의 **논리**는 자연 상태에서 자연권의 주체였던 개인들이 자신들의 의사에 기초해 계약을 맺고 정치 또는 시민 사회political or civil society로서의 국가를 만들어 냈다는 정식定式을 내세운다. 현실의 **역사 과정**에서는 집권화되어 가는 주권 국가가 신분제 중간 단체를 해체시키고 인권 주체로서의 개인을 창출해 간다. 그 과정이 전형적으로 진행되고 있었던 곳이 혁명 후의 프랑스였다. 뒤르켐E. Durkheim(1858~1917)[19]은 이렇게 총괄하고 있다. "개인주의는 역사 속에서는 국가화와 똑같은 발걸음으로 전진해 왔다."

여기서 '국가화Etatisation'는 권력(바꿔 말하면 정통성을 인정받은 물리적 강제력)을 국가가 독점해 가는 과정이며 그것을 집약적으로 표현하는 관념이 '주권'이다. 따라서 어느 쪽이나 다 매우 근대적인 관념인 '주권'과 '인권'은 밀접한 상호 연관과 긴장 관계에 놓여 있다. **상호 연관**이라는 것은 주권이 성립—그것도 신분제 질서와 타협하지 않을 수 없는 군주 주권이 파괴되고 신분제의 전면적인 부정을 의미할 수 있는 국민 주권의 성립—됨으로써 인권 주체로서의 개인이 끌어 내어졌기 때문이다. **긴장**이라는 것은 신분제 지배로부터의 개인의 해방은 곧 그때까지 억압자인 동시에 보호자이기도 했던 중간 단체로부터 개인이 내던져진다는 것을 의미했기 때문이다. 바야흐로 개인이 이를테면 벌거숭이 상태로 집권적인 국가와 마주 보게 되었던 것이다.

어쨌든 이리하여 인권의 주체로서의 개인이라는 것이 성립되었다. 여러 번 반복하지만 가장 엄격한 의미에서의 '인'권의 주체가 인간 일반이 된 개인이라는 것이 무엇보다 중요하다. 이 점에 구애받는 것은 맥아와 호프만 사용한 것을 '맥주'라고 부르는 식의 구애됨과는 상당히 달라 통칭의 약속에 그치지 않는 의미를 지니고 있다. 바로 거기에 인권이라는 개념의 위대함과, 그것을 내걸면서도 수많은 어려움에 계속 직면할 수밖에 없었던 것과, '인류 보편의 원리'라고 스스로를 정의하면서도 인류 사회에 보편적으로는 수용되지 않았던 것에 대한 이유가 있기 때문이다. 인권의 '앞면'과 '뒷면'을 문제 삼으려 하는 것은 이 때문이다('앞면'과 '뒷면'이라는 표현은 우치노 마사유키內野正幸, 《인권의 앞면과 뒷면人権のオモテとウラ》[明石書店, 1992]에서 차용하고 있다. 다만 문맥은 같지 않다).

'인권'의 앞면— '개인'의 해방

해방된 개인을 담당자로 하는 인권은 이제는 유일한 공권력의 담당자가 된 국가로부터 자유를 확보하는 것으로 선언되고, 이윽고 더 나아가 실정 제도화된다. 그리하여 실정법상의 장치로서 인권이 언급될 때에는 무엇보다 국가로부터의 자유가 주제가 된다. 다만 이때 잊어서는 안 되는 것은 그 개인이 성립하기 위해서는 국가가 신분제를 해체함으로써 국가 이외의 사회적 힘의 공권력성을 부정하는 것이 필요했다는 경과이다. 국가 이외의 권력이 원칙적으로 부정되는 한 인권은 곧 국가로부터의 자유를 의미할 것이다. 그러나 이러한 인권이 문제가 되는 전제로서 사회적 권력으로부터의 개인의 해방이 필요했던 것이다.

그리고 실제로는 정치 권력=국가로부터의 개인의 자유뿐만 아니라 사회적 권력으로부터의 개인의 해방도 근대 사회를 통해 줄곧 문제시된다. 19세기에 지배적인 사조가 되어 가는 '국가로부터의 자유'의 정수精髓를 아마도 가장 훌륭하게 체계화해서 제시했을 존 스튜어트 밀John Stuart Mill(1806~1873)[20]의 《자유론》(1859)이 동시에 사회적 권력으로부터의 자유의 중요성에 대해 날카로운 지적을 하게 되는 것은 우연이 아니었다.

그는 '국가로부터의 자유'를 논할 때에도 "정부가 완전히 국민과 일체가 되지 않는 한은, 따라서 국민의 소리라고 생각되는 것과 일치하지 않는 한은 어떠한 강제권도 행사하는 것을 원하지 않는 경우"를 상정하고, 그러한 강제권은 설령 '최선의 정부'에 의한 것일지라도 부정되어야 한다고 말한다. 그리하여 그에게 자유의 문제는 '다수자의 전제tyranny of the majority'의 문제였는데 그러한 다수자의 전제는 국가의 행위로 나타나는 경우뿐만 아니라 '사회 스스로가 폭군이 될 때'야말로 문제였다. 이리하여 '정치적 압제political oppression'보다 더 두려운 사회적 전제social tyranny에 주의가 환기된다. 그는 이렇게 말한다.

사회적 전제는 반드시 정치적 압제 같은 극단적인 형벌에 의해 지지되고 있지는 않지만 훨씬 더 깊이 생활의 세부에까지 침투해 정신 자체를 노예화하는 것으로, 이것을 피하는 방법은 오히려 더욱 적어진다. …… 개인의 독립에 대한 집단적인 의견의 합법적 간섭에는 한 가지 한계가 있다. …… 그 한계를 유지하는 것은 정치적 압제에 대한 보호의 필요성과 조금도 다를 것이 없다(시오지리 고메이塩尻公明·기무라 다케야스木村健康 역,《자유론》, 岩波文庫, 1971—번역어를 바꾼 곳이 있다).

여기서도 '개인'이 키워드였다.《자유론》이 1872년에 나카무라 게이우中村敬宇(=마사나오正直, 1832~1891)[21]에 의해《자유의 이치自由之理》로 재빨리 번역되어 고노 히로나카河野廣中(1849~1923)[22]가 그것을 말 위에서 읽고 민권론 쪽으로 돌아섰다는 것은 유명한 일화인데, 나카무라 번역에는 '민' 권론에 대해 앞에서 지적한 논점에 정확히 대응하는 문제점이 있었다.

일본에서 널리 읽힌 유명한 번역서《자유의 이치自由之理》는 'society'를 '정부', 'individual'를 종종 '인민'으로 번역했다. 이래서는 '사회적' 전제로부터의 '개인'의 해방이라는 밀의 주제가 드러나지 않는다. 하지만 바로 이런 이유에서 개인의 '인'권('시빌')은 자유롭지 않더라도 '민'권('폴리티컬')이라고 노래하던 민권파 지사들에게 쉽사리 널리 받아들여졌을 것이다.

나카무라 게이우의 번역본과 대조적이었던 것은 1895년에 다카하시 쇼지로高橋正次郎가 번역한《자유의 권리自由之權利》이다. 파문

혀 있던 이 번역본의 의의를 발굴해 낸 오카다 도모요시岡田與好의 《자유경제의 사상自由經濟の思想》(東京大學出版會, 1979)은 두 번역본을 대조표로 만들어 제시하면서 이렇게 지적한다(6~7쪽).

나카무라 마사나오의 번역본을 보면 society를 '동료 집단'이라고 번역하며 정부와 동일시함으로써 individual을 일부러 '각개의 인간'이라고 번역하면서도 마지막 단락의 번역 문장('정부와 인민'의 '다툼'이라고 번역되어 있다—히구치 보주)에서 나타나 있듯이 정부와 인민의 대립을, 특히 그것이 점점 더 현저화되어 가고 있는 최근의 상황에서 문제로 삼는 것이 이 책의 주제가 되고 있다. 이에 반해 다카하시 쇼지로의 번역본에서는 society 및 individual을 오늘날과 마찬가지로 '사회' 및 '개인'으로 번역함으로써 밀의 과제를 완전히 정확하게 파악했다. 마지막 단락의 그의 번역이 나카무라 번역과 결정적으로 다른 데 주의하기 바란다. 중복을 무릅쓰고 인용하면,

"태곳적부터 인간 사회가 이 문제로 분열되었기 때문에 어떤 의미에서 보면 이는 결코 새로운 문제가 아니지만, 현재 개화·우등한 민족이 도달한 세상 형편의 진보의 정도와 함께 이 문제도 새로운 처지에 놓여 있기 때문에 지난날과 다른 한층 더 기본적인 대우를 하지 않을 수 없다."

라고 되어 있는데, 다카하시는 아마도 나카무라의 번역본을 의식했겠지만 그러면서 곧 뒤이어 일부러 괄호를 치고 옮긴이 주를

덧붙이며 다음과 같이 해설한다.

다카하시 주 '이 문제도 새로운 운운' 이하는 과거에는 정부와 신민 간의 문제였기 때문에 **단지 정부의 권능 제한만** 다루었지만 **오늘날은 다수당과 개인의 문제**이기 때문에 단지 정부의 권능을 제한하는 일뿐만 아니라 **여론의 권능도 또한 제한하지 않을 수 없다**는 뜻을 암시하고 '새로운 처지' 는 정부와 여론을 암시하며, '기본적 대우' 는 정부의 권능 제한과 여론의 권능 제한을 암시한다(강조는 오카다).

'법인法人의 인권' !?

가장 좁은 의미의 인권이 '개인' 을 주체로 하는 것이었다는 원점을 반복해서 확인하는 것은 넓은 의미에서의 인권의 여러 모습을 실정법 세계 속에 적절히 위치시키기 위해서도 빼놓을 수 없다. 무엇보다 '법인의 인권' 이라는 논점이 있다.

1789년 선언이 고전적인 자유권을 강조한 '인권 선언' 이라는데는 이론異論이 없다. 그러나 이 선언에는 결사의 자유에 대한 언급이 없다.

그렇기는 하지만 법률가라면 그것은 예시적 열거에서 우연히 빠졌을 뿐이지 결사의 자유를 배제할 생각은 아니었을 것이고, 미국 헌법 수정 제9조도 "본 헌법에 특정한 권리를 열거한 사실이 인민이 보유하는 그밖의 여러 권리를 부인하거나 경시하는 것으로 해석해서는 안 된다"고 지적하고 있지 않느냐고 말할지도 모른다. 일반론으로서는 그렇다. 그러나 프랑스 혁명기의 반反결사주의는 그러한 일반론을 허용하지 않을 정도로 강렬했다. 바로 그런 이유에서 1789년 선언을 위헌 심사 기준으로 사용하고 있는 현재의 헌법원도 이 선언의 조항 해석에 의해서가 아니라 일부러 '공화국의 제 법률에 의해 승인된 기본적 제 원리'라는 1946년 헌법 전문 속에 있는 자구字句를 단서로 1901년 결사의 자유법이라는 법률에 실질적으로 헌법으로서의 효력을 부여하는 방법을 택할 수밖에 없었다(1971년 7월 16일 판결).

실제로 대혁명기의 사람들에게 현재 있는 결사는 개인의 해방을 방해하는 신분제 집단이므로 그러한 결사**의** 자유가 아니라 결사**로부터**의 자유를 관철하는 것이 혁명의 과제 자체였다.《자본론》제1편 제24장이 '자본의 본원적 축적'의 '원죄'성을 탄핵하는 문맥에서 예로 내세운 것으로 잘 알려져 있는 르 샤플리에법(1791)[23]은 일하는 자를 탄압하는 입법이라는 것뿐만 아니라 '개인'을 만들어 내는 역사 과정의 한 장면으로도 받아들여져야 한다.

그러한 단계를 벗어난 뒤 개인들이 자유로운 의사로 조직하는 근대적 결사를 국가로부터의 자유에 의해 보장하는 과정이 단계를 밟으며 진행되어 간다(앞에서 언급한 1901년법은 이러한 긴 과정의 결말이었다). 그리하여 산고를 거쳐 성립한 개인을 전제로 비로소 근대를 특징짓는 국가로부터의 자유라는 국면이 열렸다. 이에 반해

일본의 근대법은 처음부터 그 국면을—제도로서 불충분한 것이기
는 했어도—도입했다. 국가로부터의 자유가 공인되는 일본국헌법
하에서 결사의 자유는 '법인의 인권'이라는 표현을 그대로 통용시
키게 되었다. 거기에서는 말 본래 의미에서의 '인'권의 성립 과정
에서 결사**로부터**의 자유가 추구될 필요가 있었다는 점과 결사의
자유가 승인되는 단계에 이르러서도 그것은 무엇보다 개인들의 결
사**할** 자유—따라서 결사**하지 않을** 자유를 포함한다—를 의미한다
는 점이 받아들여지지 않았다. 반대로 결사=법인 자체가 자연인과
같은 의미에서 헌법상의 권리 주체로 취급받게 되었다. 예컨대 어
느 최고재판소 대법정 판결의 한 구절은 이렇게 말하고 있다.

……헌법 제3장에 정해져 있는 국민의 권리 및 의무의 각 조항은 성질
상 가능한 한 국내의 법인에도 적용되는 것으로 해석해야 하기 때문에,
회사는 자연인인 국민과 마찬가지로 국가나 정당의 특정 정책을 지지,
추진하거나 또는 반대하는 등의 **정치적 행위를 할 수 있는** 자유를 갖는
다. 정치 자금의 기부 역시 그러한 자유의 일환이며, 회사에 의해 그것
이 이루어진 경우 정치의 동향에 영향을 주는 것이 있었다고 하더라도
이를 자연인인 국민에 의한 기부와 다른 것으로 취급해야 할 헌법상의
요청이 있는 것은 아니다(최고재판소 1970년 6월 24일 대법정 판결).

이리하여 국가로부터의 자유라는, 그 자체가 인권의 핵심을 이
루는 원칙하에서 그것이 단조롭게 결사=법인의 자유로 자리매김

됨으로써 그러한 '국가로부터' '자유로운' 공간이 말하자면 '헌법 번외지番外地'로 여겨지는 대단히 역설적인 상태가 만들어졌다.

물론 프랑스류의 반결사주의의 인권관만이 옳고 그 이외의 것은 그르다는 것은 아니다. 이웃 나라 독일은 1789~1793년 사건의 빛과 그림자를 목격해 왔기 때문에 중간 집단의 존재를 중요시하는 신분제적 자유의 전통에 구애를 받아 왔다. 이것은 결코 단순히 '앞선 프랑스, 뒤처진 독일'이라는 이야기가 아니다. 1789년의 프랑스와 1791년의 미국(최초의 수정 10개조의 형태로 권리 조항이 1788년 헌법에 추가되었다), 1849년의 독일(이 나라 최초의, 그러나 유산流産으로 끝난 자유주의 헌법으로서의 프랑크푸르트 헌법)을 비교 검토한 최근의 어느 논설(퀴네J. D. Kühne)은 자유와 국가의 관계와 관련해 양자의 일치를 상정하는 일원론의 프랑스(국가법**에 의한** 결사**로부터의** 자유!!), 양자의 적대 관계에 기반한 이원론의 미국과 비교하며 독일을 개인과 국가와 사단社團(Körperschaft)의 병립을 생각하는 삼원론으로 그려 내고 있다. 그러한 독일에서 오늘날 '개인주의적인 기본권 이해'에 대해 '사단적인corporative 기본권 이해'가 유력하게 주장되고 있지만, 이 경우에도 '국가에 의한 재판 독점의 결과'로서 '입헌 국가의 권리 보호라는 임무'가 "시민의 자유를 확보하기 위해 단체의 힘을 재판소를 통해 규제한다"(헤벌레 Peter Häberle)고 해서 '헌법 번외지'적인 결과가 되는 것을 확실히 부정하고 있다.

인권의 뒷면(1)—그 허위성 비판

인권에는 찬미의 목소리와 함께—오히려 그보다 몇 배나 더—비판과 논란이 제기되었다.

우선 인권이 그 이상을 높이 내걸어도 실태는 그렇지 않지 않은가. 그렇기는커녕 이념과 동떨어진 실태를 은폐하는 이데올로기에 지나지 않는 것은 아닌가.

첫째, 사회주의 측으로부터는 '인' 권이라고 하지만 실제로는 부르주아지가 착취할 수 있는 자유에 지나지 않는가, '인' 권이라는 미명 아래 프롤레타리아트는 소외되어 왔다는 비판이 제기되어 왔다.

둘째, 반식민지주의 측으로부터의 비판이 있다. 실제로 1789년 선언 16조가 "권리의 보장이 확보되어 있지 않고 권력 분립이 확정되어 있지 않은 사회는 헌법을 갖고 있지 않다"고 강조한 것과는 정반대로, 1789년 선언의 모국(프랑스)과 1689년 권리장전의 모국(영국)은 세계를 이분하는 식민 제국으로 그 식민지에는 권리 보장도 권력 분립도 없었다. 후발 제국주의 측에서 나온 것이기는 하지만 카를 슈미트Carl Schmitt(1888~1985)[24]의 경구는 통렬했다. "식민지는 국제법상으로는 국내völkerrechtlich Inland(따라서 타국으로부터의 간섭을 허용하지 않는다)인 동시에 국법상으로는 외국 staatsrechtlich Ausland(따라서 본국과 달리 인권을 인정하지 않는다)이다"(괄호 안은 히구치 보주).

셋째, 페미니즘으로부터의 비판이 있다. '인'권선언에서 말하는 droits de l'*homme*은 사람이 아니라 femme(여성)에 대한 남성만을 의미해 오지 않았느냐는 비판이다. 1789년의 동시대에 굳이 '여성 및 여성 시민의 제 권리 선언Déclaration des droits de la *femme* et de la *citoyenne*'[25]을 기초한 뒤 세상에 발표해 그 평가를 구한 올랭프 드 구주Olympe de Gouges(1748~1793)[26]의 목소리는 오래도록 세상에 널리 보급되지 못하지 않았는가 하는 고발이다(구주의 '선언' 원문과 일본어 번역문은 쓰지무라 미요코辻村みよ子, 《인권의 보편성과 역사성人権の普遍性と歷史性》, 創文社, 1992를 참조).

이런 비판들은 어느 것이나 다 통렬하고 핵심을 찌르는 것이었다. 그래서 인권을 내세우는 측도 비판에 대응하지 않을 수 없었기 때문에 자기 자신을 충실히 해왔다.

노동 운동에 대한 탄압 해제에서 노동 기본법을 비롯한 새로운 권리 유형의 법적 승인에 이르기까지의 19세기 중반부터의 경과는 누구나 알고 있는 그대로이다. 치열한 식민지 해방 투쟁을 전개한 인도차이나에서 1945년에 나온 베트남민주공화국 독립 선언은 1789년 인권 선언과 1776년 미국 독립 선언을 예로 내세우고 있었다. 그것은 베트남인들이 이 두 나라를 상대로 장기간에 걸쳐 처참한 독립 전쟁을 전개해야 했던 만큼, 도리어 인권의 보편성을 말해 줄 것이다.

이러한 경과는 많든 적든 유형—혁명이나 전쟁의—을 수반하는 '격렬한 분배 투쟁'이었고, "근대 '인권' 역사를 특권 계급에게만 인정되었던 여러 권리가 계급·성별·인종을 넘어 확장되어 가는 과정이라고 나이브한 계몽주의적 사관으로 볼 수는 없다"(우에노 치즈코上野千鶴子,〈'고용의 위기'와 '분배 공정'雇用の危機と '分配公正'〉,《世界》臨時增刊《기술 폭발과 지구 사회技術爆發と地球社會》, 岩波書店, 1995년 1월). 다만 아무리 '격렬'해도 그것이 '분배 투쟁'이었다면 '분배'되어야 하는 가치 자체로서의 인권 이념을 부정하는 것은 아니었다. 그러나 위의 인용에 이어 같은 논자가 흑인이나 여성이 '자신의 민족 문화'나 '여성성'을 버리고 "개인주의의 가치를 내면화하지 않으면 안 되었다"는 점을 비판할 (위의 책) 때에는 사정이 달라진다. 그것은 '근대 비판'을 자칭하는 대로 '종'의 다원성의 가치를 보다 상위에 둠으로써 인간 일반으로서의 개인이라는 이념 자체를 거부하는 것이기 때문이다. 이 문제는 문화다원주의와 '인'권 이념의 긴장을 다루는 곳에서 다시 다루기로 하자.

인권의 뒷면(2)— '강한 개인'이 될 수 있는가

여기서 문제가 되고 있는 '인'권은 자립적이고 자율적인 개인을 그 담당자로 상정하고 있다. 신분적 공동체의 구속에서 해방됨과 동시에 그 보호망에서 방출되어—그러한 의미에서 '이중으로 자유로운doppelfrei' 개인들이 각기 자기 결정을 하는 주체이며 자기 결정의 결과를 자기 자신이 책임지고 떠맡는 강한 개인을 상정하고 있다.

human rights라는 표현은 뜻밖에 매우 함축적이다. '휴먼'이라는 말이 따뜻하고 온화한 분위기를 연상시킨다면 여기서 말하는 '인'권은 굳이 말한다면 비인간적인inhuman 딱딱한 생활방식을 요구할 것이다.

그러나 본래 살아 있는 인간은 그렇게 강한 존재가 아니다. 따라서 근대가 자립적이고 자율적인 개인상을 목표로 삼으면 삼을수록 개인의 귀속 집단을 찾는 벡터가 작용할 것이다. 대혁명 이후의 복고주의가 그랬다. "나는 프랑스인이나 이탈리아인, 러시아인은 만난 적이 있다. 그러나 사람'homme은 만난 적이 없다"(드 메스트르Joseph de Maistre)[27]는 언설이 그랬다. "무엇보다도 단결"이라는 주장도 그러한 의미를 지니고 있었다.

그런데 근대법이 '개인'을 만들어 내기 위해 중간 단체의 해체를 목표로 삼았을 때, 그럼에도 불구하고 가정이라는 예외가 있었다. 중간 단체 부정의 전형을 그려 낸 프랑스 혁명의 자식이라고도 할 만한 1804년 민법전은 가족을 적극적으로 긍정했다. 2차 세계대전 전에 일본 청중에 대한 강연에서 프랑스 민법학의 권위자인 줄리오 드 라 모랑디에르L. Julliot de la Morandière(1885~1968)는 자국 민법전의 '제2의 특징'으로 "경제법 내지 재산법의 영역에서 자유주의 및 개인주의의 색채가 농후한 점"을 들고 있었다(후쿠이 유지로福井勇二郎 역, 〈현대 프랑스 민사법의 정신現代佛國民事法の精神〉, 《현대법의 제 문제現代法の諸問題》, 日本佛語法曹會·日佛會館, 1938, 31~32

쪽). 물론 그는 그것과 일본의 당시 가족 제도 사이에 '상당한 격차'가 있고, "프랑스 가족 제도는 범위가 훨씬 협소해 겨우 정식으로 혼인한 부부와 그 사이에서 태어난 미혼 미성년 자녀가 포함되는 데 불과하다"는 점을 덧붙이는 것을 잊지 않는다. 하지만 그렇더라도 "가장에게 아내와 자녀에 대한 거의 절대적인 권한을 부여하고 있다"고 강조하고 있다.

유럽의 근대 개인주의가 가장家長개인주의로 출발해서 '집'이 공권력으로부터 자유를 확보하는 방패로 간주되어 온 것이 최근에 일본에서도 강조되기에 이르렀다.

……19세기 중엽에 이르기까지는 가정의 지배권이 바로 시민적 자유의 보루로 여겨지고, 바로 그 때문에 소가족에서도 여전히 남편이 가장으로서의 권위를 유지해야 하는 것으로 여겨졌다. 하지만 그것은 '완전한 가정'의 붕괴라는 현실로부터 유리된 단순한 이데올로기가 아니었다(무라카미 준이치村上淳一, 《독일 시민법사ドイツ市民法史》, 東京大學出版會, 1985, 86쪽).

'개인'이라고는 하더라도 가족으로부터의 해방까지 포함하고는 있지 않았다는 것은 나중에 페미니즘으로부터 탄핵을 받는 논점이 되기에 이른다. 그렇다면 가족으로부터도 '해방'된 개인은 강한 개인이라는 점을 감당할 수 있는가 하는 다음의 문제에 직면할 것이다.

일본국헌법 24조는 이렇게 규정하고 있다.

혼인은 양성의 합의에만 기초해서 성립하며, 부부가 동등한 권리를 갖
는다는 것을 기본으로 해 상호 협력에 의해 유지되어야 한다.
배우자의 선택, 재산권, 상속, 주거의 선정, 이혼 및 혼인, 가족에 관한
그밖의 사항에 관해서는 법률은 개인의 존엄과 양성의 본질적 평등에
입각해서 제정되어야 한다.

이 조항은 보통 ① 일본형의 전근대적 '이에家' 제도[28]를 부정함
과 동시에 ② 가족에 대한 언급이라는 현대형 헌법의 관심을 제시
한 것으로 이해되고 있다.

①은 말 그대로이다. 유럽의 근대 가족과 달리 일본의 '이에'는
공권력의 하청인이 되어 자유를 억압하는 작용을 했다. "민법이 나
와 충효가 없어졌다"라는 슬로건을 내걸고 부아소나드[29] 가족법을
배격한 보수파는 프랑스 가장의 '처자식에 대한 거의 절대적인 권
한'이 갖고 있었던 의미를 잘 알고 있었던 것이다. '효'가 '충'에
대해 제동 역할을 하게 되는 프랑스의 논리와 '충효는 하나'라는
일본의 '이에'는 이질적이었다. 헌법 24조는 먼저 그러한 '이에'의
부정을 의미한다.

②와 관련해서는 사정이 그렇게 간단하지 않다. 24조가 놓여 있
는 조문 편성상의 위치에서 '현대'형 조항으로서의 의미를 간파해
내는 것은 잘못된 것이 아니다. 문제는 어떠한 의미에서 '현대적'

인가 하는 것이다. 바이마르헌법 119조 1항은 혼인을 '가족 생활 및 민족의 유지·증식의 기초'로 자리매김하고 있었다. 그에 반해 일본국헌법은 개별 조항으로서는 굳이 24조에서만 '개인의 존엄'에 대해 언급하고 있는 점이 중요하다.

구가족 제도의 부정이라고 하는 한 '개인의 존엄' 조항은 하나의 공서公序[30]의 강제를 의미하고, 그 효과로서 그러한 공서에 합치하는 가족을 보호해야 하는 것을 함의한다. 그러나 또한 동시에 '개인의 존엄'에 대한 강조는 진심으로 그것을 관철하려 한다면 가족을 해체시키는 요인이 될 수도 있을 것이다. 이러한 의미에서 헌법 24조는 가장家長개인주의 위에 성립한 근대 가족에게 가족 해체 조항으로서의 논리적 함의도 지니고 있다. 바이마르형 가족 조항의 논리와 일본국헌법 24조의 논리는 구체적인 논점과 관련해 차이를 초래할 것이다. 부부 별성제夫婦別姓制 도입이나 비적출자의 평등한 대우와 관련해 전자는 방해는 되지 않더라도 적극적으로 나서 촉진시키지는 않을 것이고, 후자는 이것들의, 경우에 따라서는 근대 가족을 동요시키는 방향에 대해 논리적으로 친화적일 것이기 때문이다. 하긴 헌법 24조도 '양성의' 합의를 가족 존립의 근거로 삼고 있는 한, 근대 가족에 대해 그리 '혁명적'이었던 것은 아니지만.

오늘날 '가족'의 동요 속에서 다시 '강한 개인'의 픽션과 현실의 골짜기에 빠진 현대인에게서 귀속 집단을 요구하는 움직임이 보인다. 다양한 형태의 '공동체주의communitarianism'[31]는 그 표현이라고 할 수 있을 것이다. 대개 '강한 개인'의 픽션에 지친 곳에서 '근대'에 대한 회의懷疑가 논의된다. 그러나 일본 사회에서 '지칠' 정도로 '강한 개인'이 추구된 적이 있었을까.

인권의 뒷면(3)—정말로 '강한 개인'이면 되는가

'강한 개인'이 될 수 있을까 하는 자문自問은 근대에 대한 '회의'였다. 또 하나, '인'권 주체로서의 '개인'에 대한 의문이 정말로 '강한 개인'이면 되는가 하는 형태로 제기될 때, 그것은 보다 강렬한 '반反근대'의 주장이라는 형태를 취할 것이다.

그렇기는 하지만 두 가지 사항이 구별되어야 한다. 첫째는 '강한 개인'의 자기 결정에 정말로 따라도 되는가 하는 문제이고, 둘째는 자기 결정을 할 수 없는 약한 자는 '인권'의 주체가 못 되는 것은 아닌가 하는 문제이다.

첫째 문제는 최근의 과학기술 발달에 의해 다시 강렬하게 의식되기에 이르렀다. 넓은 의미에서 '생명 윤리'라는 이름으로 불리는 일련의 일들이 그러하다. '강한 개인'의 의사는 생명까지 부정할 수 있는가. 본인 의사가 사전에 명시되어 있다고 할 경우의 존엄사를 둘러싼 문제가 그러하다. '생명'의 정의가 어떠한가에 따라 임신 중절이나 장기 적출에 대해 태도를 어떻게 결정할 것인지가 나뉘게 될 것이다. 나아가 '강한 개인'의 의사로 현재와 장래의

'생명'을 조작하고 생산하는 일까지 가능한가.

1970년대 이래 구미에서 임신 중절에 대한 법의 태도 결정을 둘러싸고 각 사회의 역사적 배경이나 현상을 반영하면서 각각의 헌법 문제를 놓고 법정에서 다툰 일은 잘 알려져 있다. 미국의 대법원 판결은 임신 중절을 프라이버시 보호라는 관점에서 용인했지만 그후 보수파의 강력한 반격 속에 판례가 동요하고 있다는 점, 나치의 우생 조작 체험을 배경으로 갖고 있는 구舊서독에서 임신 중절을 허용하는 법률이 1975년 헌법재판소 판결에 의해 '태아의 보호'에 대해 헌법상의 가치를 인정하는 관점에서 위헌으로 여겨져 이를 용인하는 입장에 선 구舊동독과 대조적인 상황이 되어 있었다는 점 등이다. 최근에는 유럽 여러 나라에서 생명 윤리에 관한 입법상의 대처가 눈에 띄고, 가장 체계적이라고 할 수 있는 프랑스의 1994년 법에 대한 헌법원의 합헌 판결이 각국의 헌법재판소 판례 가운데서 처음으로 생명 윤리에 관해 언급하는 판단을 보여 주었다.

이와 같이 생명의 생산이라는 데까지 범위가 확대되면서 문제가 제기되는 장면이 첨예화되고 있다. 그러나 문제 자체는 실은 인권을 떠받치는 '근대'의 논리 속에 처음부터 두 가지 사항의 긴장 관계로서 내재하고 있었다.

자기 결정의 원리를 떠받치는 '근대'의 논리는 주지주의 · 합리주의 · 세속화—베버와 함께 말하면, '마술로부터의 해방Entzauberung'—이다. 근대법은 그것에 대응해서 개인들의 의사의 자립성과 자율성, 즉 의사주의voluntarism[32]를 원칙으로 한다. 그렇지만 근대법은 인간 의사에 의해 좌우되어서는 안 되는 개인의 존엄이라는 가치를 윤리적 전제로 삼고 있기도 하다. 그리고 이 개인의 자기 결정이라는 형식과 개인 존엄의 불가변경성不可變更性이라는 실질 가치 내용의, 긴장으로 가득 찬 복합체가 바로 인권이라 불리는 것이었다.

인권의 형식contenant과 내용contenu 사이의 긴장이 반드시 항상 자각되고 있지는 않다. 그렇지만 예컨대 1776년의 독립선언(미국)이 '조물주에게 부여받은 빼앗을 수 없는 권리'의 존재를 '자명한 진리'로 **'선언'** 하는데도, 1788년의 헌법 전문은 인민이 헌법을 **'제정하고 확립'** 한다고 말하고 있었다. 1789년 선언(프랑스)은 확실히 권리를 **'선언'** 하면서도 **'일반 의사'** 를 지고至高한 것으로 보고 있었다. 사고思考 속에서 일단 "쫓아 냈던 신을 살짝 뒷문으로 불러들인" 것이 된다(하세가와 미치코長谷川三千子, 〈'권'을 논함 '權'을 論ず〉, 《學士會月報》 800호)는 평이 있다. 그런 의미에서 로크 이래의 논의는 '속임수'(위의 책)라고 하는 것은 맞는 말이다. 그렇기는 하지만 '불러들이는' 방식과 관련해 '살짝 뒷문으로' 라기보다는 정문으로 당당히 '선언' 하면서라고 말하는 편이 좋을 것이다. 오히려 너무나 당당했기 때문에 '속임수' 가 그대로 통용되어 왔다는 것이리라. 그러나 어쨌든 중요한 것은 바로 그러한 픽션 위에 '인' 권이 구축되어 왔다는 점의 적극적인 의미 쪽에 있다. '근대' 가 지니는 의미는 고심참담하며 하나의 장대한 원칙을 만들어 내고 그

것으로 세상을 질서 있게 정리하려고 하는 데 있었다. 이념사적으로 말하면 신神, 국가 제도사國制史적으로는 신분제 사회 구조라는 **의지가 되는 것을** 굳이 제거하고 나서 '강한 개인'의 자기 결정과 그 강한 개인도 손을 대서는 안 되는 기본 가치를 하나로 묶어 '인권'이라고 부른 '근대'는 말하자면 처음부터 위험한 줄타기를 숙명으로 부여받고 있었던 것이다.

끝까지 파고들어 밝혀 내면 균형을 잃고 추락할 우려가 큰 그러한 줄타기를 적당한 곳에서 현명하게 처리하는 일이 실정법학, 적절하게 iuris *prudentia*(법의 현려賢慮)라고 불려 온 인지人知의 영역이었다. 그것을 굳이 캐물으려 하는 작업은 iuris *scientia*(법의 과학)이라고 부르는 것이 적합한 또 다른 인간의 일이다.

그런 가운데 '인'권의 모국이라 할 수 있는 프랑스 사상계에서도 데카르트 이래의 철저한 자기 결정이라는 원리에 대한 회의가 논의되는 일이 많다. 정치사상사가로서 활발한 논진을 펴는 블랑던 크리에젤Blandine Kriegel의 《인권과 자연법》(1989)도 그러하다. 그녀는 의사주의volontarisme와 자연 법칙=자연법 규범lois naturelles 의 긴장을 문제 삼아 데카르트의 계보보다 사라만카 학파[33]의 자연법 이론을 재독할 것을 주장하고, 오늘날의 상황에 대한 발언으로서도 'espace(공간)'이라는 관념을 전면에 내걸고 'humanité의 일원으로서의 homme'이라는 정식화定式化를 내세운다. 이와 같이 '인'권이라는 관념에 원래 내재해 있었던 긴장 관계를 의식적으로 끄집어내 논의하려는 것이 하나의 입장이다.

그러나 생각해 보면 '강한 개인'이 무엇인가의 기본 가치 앞에 멈추어 서서 자기를 억제하는 행위는 그 자체가 가장 강렬한 의사 표현일 것이다. 이러한 사고의 회로는 결국 '근대'의 주지주의主知主義[34]로 되돌아오게 된다(지의 본연의 모습과 자기 통제라는 무거운 주제와 관련해 법학의 견지에서 일본어로 쓰인 가장 포괄적인 연구로 호키모토 이치로保木本一郎, 《유전자 조작과 법—지나치게 아는 지의 통제遺伝子操作と法—知りすぎる知の統制》[日本評論社, 1994]가 있다).

인권의 뒷면(4)—약자의 인권은?

다른 한편으로 앞에서 든 또 하나의 문제는 '근대' 비판으로서는 좀 더 강한, 외부로부터의 초월적 비판의 형태를 취한다. '강한 개인'이 정하는 내용이 아니라 그것이 인권 주체로 상정되는 것 자체에 의문을 던지는 입장이 그것이다. "약자의 인권이야말로 중요하지 않은가", "자기 결정을 하고 싶어도 할 수 없는 유아나 일정한 상태에 놓인 환자나 노인의 인권이야말로 중요하지 않은가" 하는 논의이다.

나아가 대개 의사 주체가 아닌 동물이나 식물, 그리고 광물까지 포함된 생태계 자체에도 '권리'가 있을 것이다. 인간만이 주체라는 것은 우쭐해지는 '근대'의 미망迷妄이 아닌가 하는 논의도 있다. "과학적 우주관"의 입장에서 보면 인간의 생명이 예컨대 펜

더나 바퀴벌레의 생명보다도 존중되어야 하는지 어떤지도 처음부터 문제이다. 바퀴벌레의 철학자는 바퀴벌레의 존엄, 바퀴벌레의 생존과 번영을 지상의 가치로 보는 철학을 주장할 것이다"(나가오 류이치長尾龍一,《사상사 사단思想史斜斷》[木鐸社, 1987] 54쪽은 정의론에 대한 회의를 논하는 맥락에서 이렇게 말한다). 여기까지 오면, 이야기가 바퀴벌레로 끝나지 않을 것이다. 그리고 이것에 대해서는 "우리는 인간과 마찬가지로 식물의 생명이나 곤충의 생명을 존중하는 것은 아니다", "바이러스의 생명이나 병원균의 생명에 이르러서는 거꾸로 공격을 취하기까지 한다. 생명 존중은 인간이라는 이름에 어울리는 생명에 대해 적용되는 것으로, 사실상 이것은 하나의 가치 판단이라고 할 수 있다"고 보는 입장이 대립할 것이다(프랑수아 사르다, 모리오카 야스히코森岡恭彦 역,《살 권리 죽을 권리生きる權利と死ぬ權利》, みすず書房, 1988, 109쪽).

이 문제에 대해 "자연계에서 인간이 특별히 뛰어나다는 불평등주의를 선언"하는 '철학적 휴머니즘'과, "모든 인간이 인격성을 지닌 존재로서 평등하게 존엄을 갖는다는 인간계 내부에서의 평등주의를 표명한 것"으로서의 '법적 휴머니즘'을 구별하며 인권이 주장하는 '인간의 존엄'은 후자라고 말하는 회답 방식이 있다(사사키 노부오미佐々木允臣,《또 하나의 인권론もう一つの人權論》, 信山社, 1995, 104쪽). 이 회답은 일단 인권의 '법적' 효과를 논하는 의론으로는 충분할 것이다. 인권의 '철학적' 근거를 문제 삼는 맥락에서는 바로 그렇기 때문에 역시 자연계에서의 인간 이성의 우위라는

전제 없이는 인권은 존립할 수 없는 것이 아닐까. 그 전제가 픽션=표면상의 원칙에 머물더라도 그렇다. 마치 사회계약론이라는 픽션에 대해 "나는 그러한 계약을 한 기억이 없다"고 하는 사람들이 다수라 하더라도 그러한 표면상의 원칙으로 권력 제한 논리에 기반을 부여하는 것이 중요하듯이.

인권을 논할 때 이 '속임수' =픽션=표면상의 원칙이라는 관점은 결정적으로 중요하다. 예컨대 '인' 권의 '인간' 중심주의를 비난하며 자연계의 존재에게 널리 권리 주체성을 인정하려는 주장은 종종 의사 주체로서의 인간이라는 생각의 픽션성을 비판하면서 의사의 주체라는 관념 대신 고통의 주체라는 생각을 도입한다. 그렇다면 병세가 깊어져 더 이상 '고통' 조차 느끼지 못하게 된 환자는 권리 주체가 아니게 되는가. 실은 여기서도 픽션이 작동하고 있는 것이다.

앞에서 비교 대조한 '법적 휴머니즘' 이라는 용어와는 다른 차원에서 '법적' 이라는 말을 사용하면, 입법자가 정하기만 하면 인간 이외의 어떤 존재든 다 권리 주체가 될 수 있을 것이다. 그러나 '근대' 는 그것을 의식적으로 거부해 왔던 것이었다.

……왕이나 귀족의 개나 말을 권리 주체로서의 명예로운 지위에 모시고 개집이나 마구간을 청소하는 인간은 그렇게 취급하지 않더라도 조금도 별난 일이 아닌 것이 된다. 이 예가 지나치게 과장된 것으로 보일지도 모른다. 하지만 그것과 대조해 봄으로써 권리 주체의 관념과 관

련된 특수하게 근대적인 버전이 어떻게 기본적 선택으로부터 도출되었는지 명확하게 밝혀 이 근대적인 권리 주체의 관념이―법적으로만 생각하면 얼마든지 확대할 수 있는 것인데―인간으로서의 인간에게만 적용되어야 하는 것이 되었다는 점을 명확히 하는 메리트가 있다(알랭 르노, 〈지금, 권리의 주체를 생각한다いま, 権利の主体を考える〉, 1993).

그러나 "'자유'는 약자 측의 원망願望 이라는 점을 전제로 여전히 다음과 같은 점이 결정적이다.

……그러나 약자가 약자인 상태로는 '자유'로워지지 않는다. '자유'는 단지 약자가 아니라 강자가 된 약자 ……이지 않으면 안 된다(가토 슈이치加藤周一, 〈자유의 여신自由の女神〉).

'인' 권 주체는 강자가 '된' 약자가 아니더라도 강자이고자 하는 약자라는 의제 위에 성립하는 것이다.

문화다원주의 관점에서의 인권 비판

앞에서 법인류학의 관점에서 쓴 논설 〈인권을 재판한다〉에 대해 언급했다. 1989년 이후 '서쪽'과 '동쪽' 사이에서 '헌법 게마인샤프트의 성립'(현대 독일의 대표적 공법학자 중 한 사람인 헤벌레[35]의 말)까지 언급되었고, 지금은 서슴없이 〈인권을 재판한다〉라는 언설이 '남쪽'의 입장에서 발표되고 있다. '인권'은 보편성을 자칭하고 있지만 실은 서양 근대라는 시간적으로나 공간적으로 한정된 특정 문화의 소산에 지나지 않는다. 그것을 전 세계에 강요하려는 행위를 중단하라는 목소리이다.

제3세계의 강권적인 통치자나 장군은 이 논법을 자신들의 힘의 지배를 정당화하기 위한 태도 돌변의 언설로 즐겨 사용해 왔다. 현재 보다 일반적인 것은 아시아의 '경제력'을 배경으로 한, 손익을 고려한 언설이다. 예컨대 마침 이 문장을 쓰고 있는 날 신문에 소개된 동남아시아의 어느 신문사설을 무수한 예 가운데 하나로 들면, 그것은 방콕에서 개최되는 아시아 10개국과 EU 15개국의 첫 정상회담을 앞두고 "유럽은 아시아의 급속한 번영의 제몫을 받고 싶은 것이다"라는 인식을 전제로 하면서 이렇게 쓰고 있다.

그렇지만 유럽 국가들의 특정 그룹은 자신들의 도량이 좁은 관심사 때문에 각국의 국익, 나아가서는 전체적인 성공마저 희생시키려 하고 있는 것 같다.

스칸디나비아의 어떤 그룹은 중국 고아원의 아동 학대를 비롯한 인권 문제를 다루도록 자국 정부에 압력을 가하고 있다고 한다. 또한 작년 12월에 마드리드에서 열린 EU 정상회담에서는 일부 그룹의 로비 활동에 굴복해 동티모르 문제를 다루었고, 노동자의 권리나 환경 문제를 논의하게 하려는 그룹도 있다.

방콕 정상회담을 '세계 경제에서의 대등한 협력 관계'의 출발점으로 삼고 싶으면 유럽 측 참가국들은 아시아의 멤버들이 수세에 몰리지 않도록 배려할 필요가 있다. 그렇지 않으면 유럽은 아시아에서의 자신들의 이익을 해치게 될 것이다(《아사히신문朝日新聞》 1996년 2월 10일자에 의한, 싱가포르의《비즈니스타임스*Business Times*》16일자 사설).

총검이냐 '번영의 제몫'이냐는 별도로 하고 그것을 내세우며 인권이라는 '도량이 좁은 관심사'를 옆으로 밀어 내려고 하는 논법은 여기서 진지하게 다룰 필요조차 없을 것이다. 하지만 그것은 그렇다 치고 확실히 여기서 다루어 온 '인'권이 개인의 자립성과 자율성을 기초로 하고 있는 한 그것은 다양한 문화 유형에서 보편적으로 받아들여지기 쉬운 것이 아니다.

'인간의 존엄'이라는 식으로 이야기를 느슨하게 일반화시키면 아마도 모든 문화가 이에 동의할 것이다. 그러나 무엇을 갖고 '인간답게 사는' 삶의 방식이라고 생각할 것인가 하는 문제로 태도가 다시 나뉠 것이다. 신이 요구하는 것이나 공동체의 이익을 위해 헌신하는 것이야말로 '인간다움'의 완성이라고 생각하는 문화도 있을 것이다. 좀 더 비근한 것을 예로 들면 '큰소리 치지 않고' '주변 사람들과 화합하고' '상부상조'하고 살아가는 생활이 자기 자신의 생각이나 신조에 얽매이며 살아가는 것보다 '인간답다'고 생각하는 사람이 적지 않을 것이다. 여하튼 그러한 문화의 입장에서 보면 '인'권은 자신들의 문화적 아이덴티티를 파괴하는 것, 부르기에 따라서는 바로 '에스니시티(민족성) 죽이기ethnocide' 일 것이다. 이리하여 '차이에 대한 권리' 가 주장된다. 다만 그 '차이' 는 서양 중심주의에 대해서만 주장되는 것이고 자신의 공동체 내부에서의 '차이' 는 단적으로 금압禁壓되는 일이 많지만.

오늘날 우리는 이제는 단순히 서양 근대를 모델로 상정된 보편주의의 입장을 취할 수 없다. 그러나 또한 인권에 관한 한 단순한 문화상대주의에 도움을 청할 수도 없다.

문화의 상대성과 인권의 보편성

각 문화권의 아이덴티티를 파괴하는 일 없이 어떻게 인권의 보편성을 옹호할 것인가. 그러한 노력은 성실히 시도되어 왔다. 특히 개국 이래 외부와의 접촉에 의해 인권이라는 자각적 사고를 접하게 된 근대 일본에서는 인권이 외래의 것, 즉 일본 토양과는 무관한 것이 아니라는 논리를 이끌어 내려는 시도가 여러 가지로 제시되어 왔다.

100년 전의《국민신문國民新聞》[36]은 〈일본 역사에서의 인권 발달의 흔적〉이라는 제목의 야마지 아이잔山路愛山(1864~1917)[37]의 논설을 싣고 있다(1897년 1월 9, 16, 23일).

⋯⋯이렇게 말한다. 이것은 유럽의 산물일 뿐이다. 인권이나, 공화, 민

정民政 같은 것들은 일본 인민에게는 결국 외국적인 것일 뿐이다. 일본 역사는 특별한 종류의 역사이며, 일본 인민은 특별한 종류의 문명을 갖고 있다. 본래 세계에 유례가 없는 것이다.

……그렇지만 사실은 확실히 이와 반대이다. 일본 역사는 명백히 인권 발달의 역사임을 보여 준다.

'추장의 잔학'과 '귀족의 전횡', 외적의 위협을 막고 '인민이 필요로 하는 것을 충족시키는' 것을 중시하는 논자가 "여기서 일본 황실이 건국 당초에 이미 인권 발달사의 화신[權化]이었음을 알 수 있다. 그 은혜[德澤]가 깊이 민심에 스며들어 확고부동하다는 것은 처음부터 별로 이상하게 여길 것이 없는 일이다"라고까지 말하는 것은 반드시 엉뚱한 것은 아니다. "어떠한 시대에도 인권을 모욕하는 정부는 하루라도 그 명맥을 유지해야 할 이유가 없다. 사람은 어떠한 시간과 공간을 통해 움직이더라도 여전히 똑같은 사람이다. 그들은 자신의 권리를 방어할 수 있는 역량이 있다는 것을 자각함과 동시에 반드시 증오하는 정부를 전복해 선호하는 정부로 바꾸려고 한다"는 승인설적[承認說的]인 국가관도 현존하는 정부를 정통화하는 논리라기보다는 "인권은 한 시기에서 다른 시기로 나아갈 때마다 진일보한다"는 역사에 대한 낙관주의를 젊은 근대 일본에 부탁하는 메시지라고 할 수 있을지도 모른다. 하지만 그것은 그렇다 하더라도 여기에는 '역사'나 '전통'에 대한 일본 사회에 특징적인 관점이 나타나 있지 않을까. '외국적인 것'과 '특별한 종류의 문명'의 정당한 대결·대화 속에서 전통을 살리는 것이 아니라 무엇이든 '처음부터' 전통 속에 있었던 것으로 여겨지고 조금씩 역사가 이어져 간다는 저 특징적인 관점이. 정말로 "그리하여 '전통'도 또한 과거의 존중이 아니라 과거의 현재화일 따름이다."(가토 슈이치).

사상적 계보나 맥락을 완전히 건너뛰어 1세기 후로 옮겨 가 보자. '민족'이 위험시되는 풍조 속에서 굳이 '일본인의 민족적 자각'을 다시 묻고, 게다가 '자율적인 개인'에 얽매이는 입장에서의 비평과 '서로 물며 물리는 논쟁을 벌여야 하는' 지점에서 성실하게 자신의 정체성을 확인하는 하나사키 고헤이花崎皋平의 〈에스니시티로서의 일본인—공동성으로부터의 해방과 획득—エスニシティとしての日本人—共同性からの解放と獲得と—〉(《世界》, 1993년 9월호)은 이렇게 말한다.

……'인권과 민주주의'에 기초한 질서를 목표로 하는 것과 서구화=근대화를 목표로 하는 자유주의 이데올로기를 구별해 전자를 실현하는 길의 지역적·민족적·시스템적 다양성을 탐구하는 것이 중요하고, 여러 사회, 여러 민족의 전통과 문화에 내재하는 보편적인 요소=계기를 서로 대조하는 공생의 윤리를 획득해야 한다. 인권이라든가 민주주의라든가 하는 것은 사람이 사람으로서 반듯하게 살아가려고 하는 곳에서는 반드시 숨 쉬며 발현되기를 바라고 있기 때문이다.

또한 법인류학의 연구에 입각해 문화의 다양성을 전제로 삼으면서도 '인류 보편의 원리'로서 인권을 자리매김하는 지바 마사지 千葉正士의《아시아법의 환경—비서구법의 법사회학アジア法の環境—非西歐法の法社會學》(成文堂, 1994)은 "인권의 개념 내지 관념에 단지 한 종류가 아니라 크게 나누어 두 종류가 있음을 인정하고 양자가 문화적으로 다른 점이 있더라도 동시에 조화를 이루며 병존할 수 있는 가능성"을 찾으려 하고, "인권 개념에는 핵심을 차지하는 보편적인 부분과 그 주변에 가변적인 특수한 부분이 있다"고 보며 '인권의 매개 변수'라는 개념을 제창한다(173쪽 이하).

그렇다면 이러한 '문화의 공생'이나 '조화'에 대한 기대를 전망하기 위해서는 어떤 조건이 필요할까. '공동성으로부터의 해방과 획득'을 표제로 내건 앞서의 주장은 '한 사람 한 사람의 개인적인 아이덴티티 문제'와 '에스니시티 문제'가 '결합하기 시작하고 있다'고 보며 "각각의 사람이 특정한 민족적 태생, 언어, 문화 속에 태어난다는 과거에 의한 규정성으로서의 에스니시티와는 구별되는 새로운 양태", "각 개인이 자각해 자신의 귀속이나 애착 관계를 다시 선택하는 양태"가 "현대에는 등장하고 있다"고 말한다.

이것은 중요한 논점이다. '문화' 다원주의라 해도 자연적인 문화와 인위적인 문화는 구별되어야 한다. 인위적인 문화의 전형은 그야말로 인권을 내세우는 국민 통합의 양태 속에서 발견될 것이다. 인종, 민족, 집단으로서 파악된 언어나 종교가 자연적인 문화이다. 이것들은 '개인 한 사람 한 사람'이 '다시 선택'함으로써 인위적인 문화가 된다. 그것은 인종이나 민족에 대해서는 재차적인 의미 부여의 선택일 것이고, 종교나 언어라면 글자 그대로의 다시 선택하는 경우도 포함될 것이다.

이렇게 생각하면 '개인 한 사람 한 사람' 의 '재차적인 선택' 에 열려 있는 문화와 그렇지 않은 문화는 여기의 문맥 속에서는 등가等價일 수 없다. 그리고 '개인 한 사람 한 사람' 의 '재차적인 선택' 을 가능하게 하는 문화의 양태야말로 실은 곧 인권 이념의 보편성이라는 것의 의미였지 않을까. '인권의 매개 변수' 의 제창자 자신이 '각 문화의 매개적 인권' 에 기반을 부여하는 '전통적인 문화적 아이덴티티' 가 '보편적 인권에 대한 한층 더 밀접한 접근과 다른 것과의 보다 나은 공존' 을 위한 노력을 게을리하는 '면죄부' 가 될 위험성을 잊지 않고 경고하는 것이 그것을 뒷받침한다.

오늘날 유럽에서 널리 읽히고 있는 헌법 개론서 가운데 하나는 그 최근 판에서 '개인 존중의 정치적 조직화' 로서의 헌법이 비유럽 세계에서 어떻게 받아들여지고 있는가 하는 논점을 위해 한 장을 할애하고 있다. 그 저자는 단순한 유럽 중심주의에 서지 않고 문화상대주의의 견지에 입각해 여전히 '개인의 존중' =인권의 보편성을 전망하면서 ① 그 이념과 전통의 종합으로서의 일본, ② 아프리카에서의 실패, ③ 이슬람에 의한 거부라는 세 가지 유형을 추려 냈다(Bernard Chantebout, *Droit constitutionnel et science politique*, 11éd., 1994).

그러한 맥락에서 전후 50년—나아가서 개국 이래의 '근대' —의

플러스 마이너스 체험에 입각해 다름 아닌 일본에서 발신해야 하는 일이 많고 또 클 것이다. 앞에서 언급한 '전통'적인 사고방식의 문제점을 포함해서.

법제도 속의 인권:
넓은 의미의 인권을 포함해

❖

●●● 인권이라는 일본어, 이에 대응하는 서유럽의 여러 언어, 그리고 또 의역하면 일본어로는 인권이라는 말이 대응되는 서유럽 여러 언어의 말은 넓은 의미에서는 상당히 큰 탄력성을 지니고 있다.

무엇보다 비근한 일본국헌법이라는 법전에 입각해 말해 보면 어떨까. 앞에서 살펴 본 바와 같이 헌법 자체가 사용하는 '기본적 인권' 이라는 말을 실정법학의 논의에서 사용하는 것을 굳이 피하려 하는 주장이 있는데, 그것은 지금까지 헌법상의 권리를 똑같이 '인권' 이라고 늘 불러 온 일반적인 방식에 대한 의식적인 방법적 반성을 촉구하는 의미가 있었다. 그것의 의미를 재확인한 뒤에 여기서는 굳이 널리 인권이라는 통칭으로 총괄되는 헌법상의 제 권리에 대한 실정법상의 실상을 살펴보고자 한다.

자유권·참정권·사회권

이것도 앞에서 살펴보았듯이 영어권의 표현대로 하면 civil rights

→political rights →social rights라는 권리 유형의 전개가 문제이다. 이 세 가지에 대응하는 자유권·참정권·사회권이라는 세 유형은 각기 국가로부터의 자유·국가에의 참여·국가에 의한 적극적인 급부給付를 권리 주장의 내용으로 삼고 있다. 다른 한편으로 일본 공법학에 영향을 준 19세기 독일 공법학의 논의는 프랑스류의 '인권'이라는 정식화를 법적 실질을 수반하지 않는 공소空疎한 것으로 보고 공법상의 청구권을 '공권公權'이라고 부르는 구성을 한 뒤에 권리유형론을 정식화했다. 국가에 대한 개인의 지위를 소극적 negativ·적극적positiv·능동적activ·수동적passiv 등 네 가지로 분류한 옐리네크G. Jellinek(1851~1911)[38]는 마지막의 수동적인 것에 대응해 의무를, 앞의 세 가지에 각각 대응해 '자유를 침해하는 모든 국가 행위의 부정을 요구하는 청구권', '개인적 이익을 위해 국가의 적극적 급부를 요구하는 청구권'(당시는 재판 청구권이 그 주요 내용이었고 '자신의 이익을 위해 재판관을 움직일 수 있는' 것이야말로 '인격의 본질적 요소'라고 보며 이것이 '공법적 청구권의 중심'에 있다고 생각했다), '그것에 의해 국가 행위를 할 수 있는 허가를 요구하는 청구권' 등 세 가지의 권리 유형을 구별했다(《일반국가학一般國家學》, 원저 1900. 아시베 노부요시芦部信喜 외 역, 學陽書房, 1974). 이것을 이어받으면서 켈젠Hans Kelsen(1881~1973)[39]은 입법이 일반적 규범인 국법의 정립이라면 판결 작성=재판은 개별적 규범인 국법의 정립이라고 보았다. 그리고 양자의 차이를 상대화하는 법단계 이론의 관점에 서서 입법에 대한 관여의 장면에서 문제가 되는 참정

권과, 재판에 대한 관여의 장면에서 문제가 되는 재판 청구권의 차이를 상대화해 양자를 국법 질서에 대한 국민의 능동적 관계라는 유형 속에 포괄시켰다(《일반국가학一般國家學》, 원저 1925. 개역판, 기요미야 시로淸宮四郎 역, 岩波書店, 1971).

어느 쪽이든 이것들은 국가 내지 국법과 국민의 관계를 기준으로 한 유형론이다. 각각의 방식의 관계 속에서 문제가 되는 내용은 사회 실상을 반영하며 역사와 함께 확대되어 왔다. '국가의 적극적인 급부'라고 할 때 옐리네크나 켈젠에게는 재판이라는 국무國務의 청구가 중심 문제였다. 바이마르헌법(1919) 이후의 현대 헌법에는 사회권이라고 불리는 일군의 것이 추가되었다. 일본국헌법과 관련해 말하면 건강하고 문화적인 최저한도의 생활을 영위할 권리(25조), 교육을 받을 권리(26조), 근로의 권리(27조), 단결권·단체교섭권·단체행동(쟁의)권(28조)이며, 더 나아가 명문화되어 있지 않지만 주장되고 있는 일련의 '새로운 권리'도 있다(환경권 등). 새로운 권리 주장에 대해서는 "이 헌법에 일정한 권리를 열거한 것을 갖고 인민이 보유하는 다른 권리들을 부정하거나 또는 경시한 것으로 해석해서는 안 된다"(미국 헌법 수정 제9조, 1791)는 일반론이 적용된다(1789년 선언에 결사의 자유 조항이 없었던 것에 이 일반론이 적용되지 않는 것과 관련해서는, 이 책, 〈법인의 인권!?〉 장의 44쪽을 참조).

그런데 자유권·참정권·사회권이라는 세 유형 가운데 어느 것을 더 중시하는지는 입장에 따라 갈린다. '폴리티컬'=참정권이

'시빌'=자유권보다 중요하다는 것이 민권 지사들의 '요시야부시'의 논리였다. 대일본제국헌법하의 초기 정통학파의 중심 인물인 호즈미 야쓰카穗積八束(1860~1912)[40]는 "함부로 '국가여, 나에게 자유를 달라'"고 외치는 것은 "유치한 사회는 자신의 진정한 수요를 깨닫지 못하기 때문"이라고 보고 "사회의 수요는 의식衣食에 있기 때문에 민중은 조만간 '군주여, 국회여, 나에게 한 그릇의 밥을 달라'고 하는 소리를 내야 한다"(〈국가 전능주의國家全能主義〉, 1890)라고 하며, "나에게 쌀을 달라, 나에게 따뜻한 의복을 달라, 돈을 달라고 하는 것이 진정한 종국적 목적이다", "정당을 결성하고 대다수를 차지해 정부 권력을 주고받고 한들 결코 목적을 달성하지 못합니다"(〈입헌정체의 장래立憲政體ノ將來〉, 1900)다고 말하고 있었다. '나에게 자유를'이라는 자유권, '정부 권력의 주고받기'와 관련된 참정권의 의의를 경시하고 '한 그릇의 밥'을 중시하는 이 논법은 "정부 비판의 자유 등과 같은 사치품보다 민중을 굶주리지 않게 하는 것이 바로 '인권'이다"라고 말하는 제3세계 지배자들의 논의와 상통한다. 그 정도로 적나라하지 않더라도 완성된 실정 헌법 질서를 해석할 때 사회권 중시라는 이름 아래 권력으로부터의 자유와 권력에의 참여의 가치를 상대화하는 경향과, "배가 고프더라도 국가로부터의 자유를" 하고 주장하는 입장의 차이가 여러 장면에서 얼굴을 내밀 것이다.

그런데 여기에서의 세 유형 속에서 평등은 어떻게 자리매김될까. 이 유형화는 국가 내지 국법과 국민의 관계라는 형식 틀을 척

도로 한 분류였다. 평등이 오로지 국가로부터의 차별을 배제하는 것을 내용으로 하는 한 그것은 자유권에 포괄되는 것이었다. 이윽고 조건의 평등을 정비하고 기회의 평등을 확보할 것을 국가에 요구하는 것이 문제가 되면 그것은 사회권의 일환으로 자리매김된다. 나아가 결과의 평등 확보까지 문제가 되면 그것은 'affirmative action'(적극적인 차별 시정 조치)의 문제가 될 것이다(이것에 대해서는 나중에 기술할 것이다).

마음의 자유와 돈의 자유

똑같이 국가로부터의 자유로 총괄할 수 있는 제 권리 속에서의 재구분도 문제가 된다. 근대 입헌주의 인권론에서 원형적인 의미를 지니는 것은 로크John Locke(1632~1704)이며, 권리장전[41] 체제를 옹호하는 것으로 동시대에 쓰인 《국정이론國政二論》의 후편인 《시민정부론》(원저 1690. 우카이 노부시게鵜飼信成 역, 岩波文庫, 1966)은 그것이 집약된 결과였다. 거기에서는 이미 권리장전의 정식화와 달리, 귀족·서민의 '예로부터의 자유'가 아니라 제 개인이 각자에 고유한 'property'를 갖는다는 상정이 출발점으로 생각되고, 생명life, 자유liberty, 그리고 각자가 자신에 적절한proper 노동력을 사용해 입수한 소유물possessions(estate)이 일체로서 'property'의 내용으로 여겨진다. 이것들은 근대법의 권리 보장 체계 속에서 인신의 자유, 정신적 자유, 경제적 자유라 불리는 것으로 계승된다.

생명(과 신체)의 불가침은 대체로 근대법에서 자명한 것으로 여겨지는데 정신적 자유와 경제적 자유의 관계에 대해서는 어떨까. 로크의 설명에서는 생명·자유·소유물을 포괄한 'property'는 어원 그대로의 의미에서 각자에게 proper한 것으로서 일체를 이루고 있었다. 이윽고 각자의 노동력을 투하함으로써 토지가 그 사람의 소유로 귀착된다는 논리를 채용해 보더라도 그 설명의 허구성이 너무나 명백해지면 정신적 자유와 경제적 자유 사이의 긴장이 전면에 나타나게 된다.

사회권이라는 것의 등장은 '재산권의 불가침'이라는 원칙에 대한 어떠한 수정 없이는 불가능했다. 바이마르헌법의 "재산권은 의무를 수반한다. 그 행사는 동시에 공공의 복지에 이바지하는 것이어야 한다"(153조 3항)는 규정은 그것의 결과였다. 일본국헌법도 개별적인 권리 조항으로서는 경제적 자유를 정한 22조 1항(직업 선택의 자유)과 29조 2항(재산권)에서만 '공공의 복지'에 의한 제약 가능성에 대해 언급하고 있다.

이와 같이 경제적 자유는 상대화되는 경향이 있었다. 일찍부터 재판소에 의한 위헌 심사제를 운용해 온 미국에서는 '이중 기준 double standard'[42]이라는 사고방식이 주장되고 이것이 판례에서도 채용되기에 이르렀다. 경제적 자유를 제한하는 입법에 대해서는 합헌성 추정의 법리[43] 외에 느슨한 심사 기준을 적용하고, 정신적 자유를 제한하는 입법에 대해서는 엄격한 심사 기준을 적용하는 사고방식이다.

미국 헌법 수정 제1조(표현의 자유 등)를 우월적 자유prefered freedom로서 두텁게 보장하려고 하는 이 법리는 먼저 '투표함에 대한 호소'의 논리로 설명되었다. 경제적 자유와 관련된 것들에 대해서는 "현명하지 않은 법률을 법령 전서에서 배제하기 위해 투표함과 민주정의 과정에 호소할" 수는 있어도, 정신적 자유를 제약하는 입법은 "바람직하지 않은 법률의 폐지를 초래하기 위해 통례적으로 기대할 수 있는 정치 과정을 제약하는" 것이기 때문에 재판소가 좀 더 깊이 파고들어 사법 심사를 해야 한다는 것이다(따옴표 안의 것은 모두 1930년대 후반의 미국 연방대법원 판결의 말). 이에 덧붙여 정치 과정 운용과 관련이 적은 주제에 대해 표현의 자유의 우월성을 설명하는 문맥에서 '각자에게 중요하다고 생각되는 것을 말하는 자유'의 그 자체로서의 의의, 각자의 아이덴티티 존중이라는 근거가 제시되고 있다.

그러나 이중 기준과 우월적 자유의 법리는 특히 최근에 그에 대한 비판이 눈에 띄고 있다. 특히 '각자에게 중요하다고 생각되는 것'이라면 정신 활동과 경제 활동 사이에 차이가 없지 않은가 하는 논의가 그러하다. '각자' 저마다 끄집어 내면 그렇다고 하지 않을 수 없다. 그러나 논의는 원래 경험적 · 역사적 요소를 포함해 왔기 때문에 그것을 버릴 수 없을 것이다. 역사를 거슬러 올라가 보아도, 세계를 둘러보아도 돈의 자유보다도 마음의 자유, 권력 비판의 자유가 줄곧 압박받아 왔다.

한 단어
사전

국가로부터의 자유와 사회적 권력으로부터의 자유

　근대 헌법이 자유권을 제도화할 때 그것은 국가로부터의 자유로 파악되었다. 중세 입헌주의가 신분제적 권력의 다원적 병존이라는 현실적인 사회 구조를 배경으로 한 권력의 상호 제한을 의미하고 있었던 데 반해 근대 사회에서는 국가가 권력을 독점하기 때문에, 국가로부터의 자유가 입헌주의의 중심 과제가 되는 것은 당연한 일이었다. 그러나 또한 그러한 '근대'의 구도가 성립하는 전제로서 신분제라는 사회적 권력으로부터의 개인의 해방이라는 과제가 다소간에 장애를 무릅쓰고 추구될 필요가 있었다. 말하자면 사회적 권력으로부터의 자유라는 주제가 근대 사회의 모반母斑으로 새겨 넣어져 있었던 것이다. 그것은 이윽고 현대의 주요 과제로 부상하게 된다.

　존 스튜어트 밀은 '정치적 압제'보다 더 자유에 위협이 되는 '사회적 전제'의 위험을 19세기 중반 영국에서 이미 경고하고 있었다. 오늘날 국가로부터 자유로운 입장에 놓여 있는 '사회'가 균질한 인간으로 이루어져 있지 않다는 점은 누가 보아도 명백할 것이다. 거대 기업은 국가의 테두리조차 넘어 개인들에게 사활적인 영향력을 미치고 있다. 거대 노동조합 조직은 일하는 사람들의 자율적 연대라는 이념과는 정반대로 종종 개인의 사상이나 신념의 억압자가 된다. 매스 미디어에 조작된 일정한 형태가 없는 '여론', 심지어는 사회적 '권력'이라고 하기에는 적합하지 않은 선량한 이

79

웃들도 개인의 자유로운 생활방식이 대세에는 순응의 파도 속에 휩쓸려 들어가게 하려 한다. 전후 일본에서 '인권 침해'나 '인권 침범'이라고 말할 때 국가에 의한 침해보다는 직장이나 거주 지역 등에서 일어나는 일상적인 일들을 생각하는 것이 오히려 일반의 의식인 것 같다(예컨대 '인권옹호국'에 의해 회부되는 '인권 침해' 사건은 대부분 이러한 성격의 사건이다. 《민사송무 인권 통계연보民事訟務 人權統計年報 제104》[법무성]에 의하면, 1990년에 전국의 법무국에서 수리한 '인권 침범사건' 1만 5,353건 가운데 '사인私人에 의한 침범 사건'이 1만 5,047건을 차지해 '공무원의 직무 집행에 따른' 306건과는 현격한 차이가 난다. 이미 처리가 끝난 사건은 각각 1만 4,871건과 198건).

국가로부터의 자유를 중심으로 구성된 근대 헌법은 사회적 권력으로부터의 자유의 보장에 대해서는 언급하지 않는 것이 통례이다. 그러한 조건하에서 헌법을 해석하고 운용하는 재판소가 국가에 대한 관계에서 생각되어 온 자유를 사인私人 상호 간에도 적용하는 논리를 개발해 왔다. 미국의 'state action'의 법리는 사인의 행위를 'state'의 행위와 동일시함으로써 헌법상의 권리 보장 효과가 사인의 행위에도 미치게 하려 한다(예컨대 주州의 건물을 임차하고 있는 가게에서의 인종 차별). 독일(구서독)에서의 '기본권의 제3자 효력Drittwirkung'[44]은 원래 국가와 사인의 관계에 관련된 것이었던 헌법상의 권리 보장이 '제3자'였던 사인과의 관계에도 미치게 하는 논리를 제공한다.

일본국헌법하의 판례는 헌법 조항을 '그대로 사인 상호 간에 적용 내지 유추 적용' 해서는 안 된다고 보면서도 민법 조항 등을 해석할 때 헌법상의 원칙을 충분히 읽고 이해할(예컨대 민법 90조에서 말하는 '공공 질서 또는 선량한 풍속' 의 내용으로서) 가능성을 시사해 이른바 간접 효력설[45]의 틀을 보여 주고 있지만, 실제로는 이 틀을 사용하며 적극적으로 사인 간의 권리를 보장하는 방향으로 나아가고 있지는 않다(최고재판소 1973년 12월 12일 대법정 판결). 도리어 '법인의 인권'(앞에서 언급)이라는 생각이 '사회적 전제專制'로부터 자유를 보호하는 길을 좁히고 있다. 여기에 더해서 '부분 사회' 의 법리라 불리는 것이 있어 "일반 시민 사회와는 다른 특수한 부분 사회를 형성하고 있다"고 인정된 경우에 그에 대한 판단을 사법 심사에서 제외하는 논리가 제시되고 있다(최고재판소 1977년 3월 15일 판결). 이것은 사인 간 관계에서의 권리 침해에 대해 헌법에 의한 보장을 초래하는 방향과는 반대로 재판을 통해 권리 침해를 구제하는 길을 좁히는 작용을 하게 된다.

국가로부터의=형식적 자유와 국가에 의한=실질적 자유

독금법, 정확히 말하면 '사적 독점의 금지 및 공정 거래 확보에 관한 법률' 이라는 법률이 있다. 전후 개혁의 중요한 일환으로 제정된 이 법률과 관련해서는 경제적 자유에 대한 제약 입법으로 파악하는 관점과, 반대로 경제적 자유의 촉진 입법으로 파악하는 견해가 대립해 왔다. 오일 쇼크 당시 매점·매석 등 반사회적 경제 행위에 대한 비판 여론이 고조될 때 이 법률을 강화하는 방향으로 개정하려고 한 미키三木 내각에 대해 평소 헌법 위반 문제에 그리 민감했다고 생각되지 않는 재계 수뇌들이 거의 일제히 "위헌이다"라고 목소리를 낸 것은 전자의 예이다. '규제 완화'를 기치로 일본 경제 구조의 개혁을 요구해 온 미국 측이 독금법과 공정거래위원회 강화를 요구한 것은 후자의 논리에 대응한다.

한 쪽은 국가로부터의·형식적 자유를 경제적 자유의 본질로 삼고(독점 방임형 자유), 다른 쪽으로는 자유 경쟁을 확보하기 위한 국가에 의한·실질적 자유야말로 경제적 자유의 요점이라고 생각한다(반독점·독점 규제형 자유). '규제 완화'라는 똑같은 캐치프레이즈 아래 전자는 땅 투기나 내부자 거래의 자유까지도 보호하는 논리가 되고, 후자는 독금법형의 규제를 통해 신규 참여를 촉진하는 것과 **동시에** 기존 업자의 이익을 유지하는 인허가 규제를 철폐해야 한다고 주장할 것이다.

독금법 자체는 '공정하면서도 **자유로운** 경쟁을 촉진'하는 것을 입법 목적으로 내세우며(1조) 스스로를 자유 촉진 입법으로 정의하고 있다. 여기서도 국가로부터의 자유에 선행해 국가가 독점(경제사학자들이 말하는 초기 독점)으로부터의 자유를 강제해 자유 경쟁이 가능한 무대를 만들어 내는 과정이 있었다는 점을 상기할 필요가 있다. 국가로부터 자유로운 경쟁하에 현대형 독점이 형성되어 경쟁을 저해하는 단계가 되자 다시 근대 사회의 모반母斑이 지니고 있던 의미가 현실성actuality을 띠게 되었다.

　정신적 자유의 영역에서도 마찬가지로 문제가 제기되고 있다. 그렇기는 하지만 아마도 그것에 대한 대답은 같을 수 없을 것이다.

　공평 원칙fairness doctrine[46]이라는 것이 있다. 미국의 연방통신위원회FCC가 방송 사업자에게 공적인 쟁점에 적당한 방송 시간을 배정해야 하고 반대되는 견해를 정확히 반영할 수 있는 기회도 주어야 한다는 원칙을 의무로 부과하고 있었다. 이것은 방송 사업자의 국가로부터의 자유를 제한해서라도 다양한 언론이 서로 경쟁할 수 있는 자유 시장을 확보해야 한다는 입장에 선 원칙으로 1969년의 저명한 판결에서 미국 대법원도 합헌으로 보았지만, 1987년에 이르러 FCC 자체가 방송사업자의 자유를 중시하는 관점에서 이 원칙을 폐지했다. 프랑스의 1984년의 신문법제는 보도의 다양성을 확보한다는 입법 목적을 내세우며 신문업의 집중을 배제하기 위해 동일한 주체가 소유 내지 통제할 수 있는 한도를 정했다. 이 법률의 기본적인 부분을 합헌으로 생각할 때, 헌법원은 국법의 개입에 의한 보도의 다양성 유지라는 실질적 자유를 헌법상의 표현의 자유 속에 포함시켰지만 국가로부터의·형식적 자유를 중시하는 입장에서는 '자유 말살'이라는 비난이 쏟아졌다.

　우월적 자유=이중 기준의 관점에서 보면 똑같이 다양한 참여자에 의한 자유로운 경쟁을 확보하기 위한 국가의 개입이더라도 표현의 자유 등 정신적 자유의 영역에 대해서는 보다 신중함이 요구된다. 여기에서도 정신적 자유 분야에서의 국가 개입은 정신 활동

에 억압적인 효과를 미쳤을 때 회복이 더 어렵다는 것을 경험이 가르쳐 주고 있기 때문이다. 이것을 전제로 하면서 예컨대 표현의 자유와 관련해 형식적 자유와 실질적 자유가 충돌할 때 법인法人 매스 미디어의 자유가 문제가 되고 있는지, 자연인으로서의 개인의 자유가 문제가 되고 있는지에 따라 해결 방법을 구분해야 한다는 주장이 있다(하세베 야스오長谷部恭男,《텔레비전의 헌법 이론テレビの憲法理論》, 弘文堂, 1992). 본래 의미에서의 좁은 의미의 '인' 권을 낳는 역사 과정을 되돌아 보면 법인=매스 미디어의 형식적인 자유를 제한함으로써 자연인=개인이 다양한 사상이나 보도를 접할 수 있는 상태를 확보하는 한편, 제 개인의 정신 활동에 대해 어디까지나 국가로부터의·형식적 자유를 중시하는 선택이 설득력을 지니고 있을 것이다.

개인의 인권과 집단에의 귀속

넓은 의미에서의 인권이 전개되는 흐름 속에 '추상적 개인에서 구체적 인간으로', 'Person에서 Mensch로'와 같은 표현이 나타내는 하나의 지향이 있다. 한나 아렌트Hannah Arendt(1906~1975)[47]가 자신의 나치 체험에서 생각해 낸 《전체주의의 기원》(오쿠보 가즈오大久保和郎·오시마 가오리大島かおり·오시마 미치요시大島通義 역, みすず書房, 1981) 속에서 "인권이 무의미한 '추상'"이 된 것을 비난하며

이렇게 말하는 것도 그것의 한 표현이라고 할 수 있다. "무국적자, 절멸 수용소의 생존자, 강제 수용소나 난민 수용소에 있었던 사람에게 이들은 모두 '인간 이외의 아무것도 아니다'라는 추상적인 적나라한 사실이 자신들의 최대 위험이라는 점을 깨닫는 데는 버크의 논증을 기다릴 필요도 없었다."

아렌트의 이 주장은 인간 일반으로서의 개인을 주체로 상정한 좁은 의미의 '인'권에 대한, 말하자면 정통적인 비판을 이어받고 있다. 아렌트가 비교 대조한 버크Edmund Burke(1729~1797)[48]는 인권 선언의 동시대 사람으로서 이미 영국인이나 독일인의 각각의 국민 권리밖에 없다고 보며 '인'권을 비난하고 있다. 그러나 인권 선언 자체가 이미 '인간과 시민의 권리 선언'이라고 일컬음으로써 '시민', 즉 국민 국가 단위로 주권 행사에 참가하는 개인의 존재가 인권 주체로서의 개인을 지탱하는 것을 정확하게 말하고 있었던 것이다.

여기서는 실정법 제도상의 문제로서 '추상에서 구체로'라는 주장의 의미를 살펴보도록 하자. 대표적으로 적극적 차별 시정 조치 affirmative action를 둘러싼 논점이 있다. 인종, 성별, 언어, 종교, 경우에 따라서는 역사적 경험의 기억(유대인이나 팔레스타인인에 대한 박해 등)과 같은 표지로 파악되는 집합에의 귀속이라는 것을 결정적 근거로 삼아 행해지는 권리 주장이 문제가 된다. 지금까지 계통적으로 불리한 취급을 받아 온 배경이 있는 곳에서 그러한 불균등한 취급 대상이 되어 온 집합에의 귀속을 이유로 취학이나 취

업, 공공 사업 참여 등의 과도적인 우선 처우 조치를 취하는 것은
차별을 해소하기 위한 효과적인 수단이다. 이 수단은 미국에서 널
리 사용되어 왔는데, 계층에 대한 귀속을 고려한 조치가 위헌을
추정하게 하는 '의심스러운 구분'에 기초한 차별에 해당한다고 생
각하는지 여부에 대한 판례의 움직임이 미묘하다. 프랑스에서는
비례 대표제하에서 지방 선거에 제출할 정당 명부가 동일한 성性
에 속하는 사람을 75퍼센트 이상 포함하고 있어서는 안 된다는 입
법이 헌법원에 의해 위헌으로 판단된 적이 있다.

억압되어 온 인간의 해방을 널리 인권이라고 부르는 입장에서
보면 그러한 우선 처우 조치는 의심의 여지 없이 인권이라는 이름
아래 주장될 것이다. 집합 내지 집단 그 자체를 권리 주체로 생각
하고 적어도 그것에의 귀속을 권리 주체가 되기 위한 결정적인 근
거로 보는 사고방식에서 보면 우선 처우 조치는 **전적으로** 평등을
실현하기 위한 것으로서 **전적으로** 긍정적으로 파악된다. 이에 반
해 개인의 권리로서의 '인'권의 성격을 중요하게 생각하는 입장에
서 보면 그러한 집합 내지 집단에 귀속되어 있지 않은 개인이 지
금까지의 불균등한 취급에 책임을 질 입장이 아닌데도 불리한 처
우를 받게 되고 그 또는 그녀의 개인으로서의 평등이 어디까지 침
해되지 않았는가 하는 형태로 문제가 나타난다. 또한 이 조치로
이익을 얻은 개인과 관련해서도 개인으로서의 자격이 아니라 구
제받았다는 낙인stigma이 찍히게 된다는 점에서 개인으로서의 존
엄을 침해받지 않는 한도가 어디까지인가 하는 형태로 문제가 제

기된다.

'소수자의 인권'이라는 표현이 포함하는 논점에 우리는 민감할 필요가 있다. 소수자에의 귀속 때문이 아니라 애당초 개인이기 때문에 주체가 되는 것이 좁은 의미의 '인'권이다.

권리의 2단계 획정과 1단계 획정

그런데 헌법이 인권을 보장하고 있다고 해도 어떤 행위가 인권 행사로 인정되거나 혹은 인정되지 않는지가 구체적인 장면에서 문제가 되지 않을 수 없다. "권리를 보장한다는 것은 권리의 한계를 정하는 것이다"라고 하는 그대로이다.

이 논점과 관련해서는 두 가지 접근 방식이 있다. 하나는 먼저 '무엇을 해도 되는 자유'를 상정하고 그에 의해 발생하는 좋지 않은 사정에 대처하기 위해 '해서는 안 되는 것'을 뺀다. 극단적인 예를 들면 '태양이 눈부시기 때문에 사람을 죽이는' 자유를 일단 상정한 뒤 '공공의 복지'를 끄집어냄으로써 그러한 '자유'를 '제약'한다. 다른 하나는 자유는 각각의 역사 사회 속에서의 역할에 걸맞게 이미 일정한 윤곽을 지닌 것이라고 생각한다. 예컨대 '재산권은 신성불가침'이라고 하던 시대에도 인신 매매 계약이나 폭리는 법의 보호를 받지 못했고, 채무를 이행할 수 없을 때 자신의 가슴 1파운드를 잘라 내게 하는 계약이 유효한 것으로 여겨지는 일이 없었다는 것이다.

말하자면 전자는 권리의 2단계 획정 접근, 후자는 1단계 획정 접근이며, 각기 일장일단이 있다. 2단계 획정 접근은 다양한 주장에 대해 어쨌든 뺄셈 이전에 권리로서의 가능성을 논리상 인정하기 때문에 새로운 권리 주장이 입구에 들어오기 쉽다. 그러나 '무엇을 해도 되는 자유'를 제약하는 장면에서 역사적 배경이 제거된 '공공의 복지'가 도입되어 그것이 절박한 하드 케이스(처리하기 어려운 사건)에서 권리를 제약하는 매직 워드magic word로서 위력을 발휘하게 되기 쉽다. 1단계 접근은 일단의prima facie 권리라는 상정을 인정한 뒤에 그것에 대한 제약을 논하는 구성을 의식적으로 거부하기 때문에 권리의 신규 참가에 대해 엄격하지만, 근대 입헌주의의 핵심을 이루는 좁은 의미의 인권에 대한 거래bargaining를 물리치고, 그것을 옹호하는 데 적합하다.

지금까지 일본 재판소에서의 위헌 심사 운용은 2단계 접근에 의해 이루어져 왔다. 먼저 무한정한 자유가 상정되고 그것을 제약하는 것으로서 곧바로 이 또한 무한정한 '공공의 복지'가 등장하는 구도이다. 그리고 이것을 비판하는 학설은 '공공의 복지'를 제한적으로 해석함으로써 '자유에 대한 제약을 제약하는' 데 힘을 쏟아 왔다.

이에 반해 좁은 의미의 인권 관념이 지니고 있는 사상사적 의미를 중시하는 관점에서는 개인의 자립성과 자율성을 핵심으로 하는 인권의 도덕적 근거를 물음으로써 자유 자체에 1단계로 근거를

부여하는 것이 과제가 된다. '인격적 자율'이라는 내용상의 키워드에 의해 인권에 도덕적으로 근거를 부여하는 견해(사토 고지佐藤幸治, 《헌법憲法》 제3판)나 '삼라만상의 생활 영역'에 관한 인권의 인플레 상황을 비판하며 '표현물이 일정한 실체적 가치를 지니기 때문에' 그 자유를 보호하는 것이라고 생각하는 주장(오쿠다이라 야스히로奧平康弘, 《왜 '표현의 자유'인가なぜ '表現の自由'か》, 東京大學出版會, 1988)은 각각의 권리체계론 구성 방식의 차이를 넘어 이 논점에 대해서는 관심을 공유하고 있다.

　이 논점은 바로 전후 해방의 시기에 사상의 문제로 맨 먼저 지적되고 있었던 사항이 법기술적 차원에서 발현된 것이다. '인간 욕망의 해방으로서의 자유', '감성적인 자연적 자유'의 확산과 '규범 창조적 자유'의 결여라는 상황에서 "구속 결여로서의 자유가 이성적 자기결정으로서의 자유를 향해 스스로를 적극적으로 밀고 나가는" 과제를 제시한 물음(마루야마 마사오丸山眞男, 〈일본에 있어서의 자유 의식의 형성과 특질日本における自由意識の形成と特質〉, 1947)이 지금 다시 답을 요구하고 있는 것이다. 이에 대해 아주 최근에 "기본권의 기저基底에 대해 탈도덕적 전환을 시도"하려는 주장(사카모토 마사나리阪本昌成, 〈프라이버시와 자기결정의 자유プライヴァシーと自己決定の自由〉, 《강좌·헌법학講座·憲法學》 제3권, 日本評論社, 1994)이 제기되고 있는데, 전술한 바와 같이 일본의 판례는 "그런 줄도 모르고 산문散文을 말하고 있었던" 몰리에르Moliere[49] 희극의 주인공처럼 실은 이미 '탈도덕적' 기본권의 틀 속에 있었다고 해야 할

것이다. 여하튼 이 두 가지 접근 사이에서의 논의가 자각적으로 심화되기를 기대한다.

오랫동안 위헌 심사 기준을 중심으로 한 말하자면 소송 절차론의 정치화精緻化라는 점에서 일본 학계에 참고 자료를 제공해 온 미국에서 최근에 법철학자나 정치사상사 학자를 포함해 인권의 도덕적 기초를 되묻는 조류가 널리 학계나 논단·사상계의 지적 관심을 자극하고 있다. 롤스John Rawls[50](다나카 시게아키田中成明 편역, 《공정으로서의 정의公正としての正義》, 木鐸社, 1979)에서 드워킨 Ronald M. Dworkin[51](기노시타 쓰요시木下毅·고바야시 이사오小林公·노사카 야스지野坂泰司 역), 《권리론權利論》, 木鐸社, 1986)을 거쳐 노직 Robert Nozick[52]이 주장하는 철저한 자유론libertarianism[53](시마즈 이타루嶋津格 역, 《아나키·국가·유토피아アナーキー·國家·ユートピア》, 木鐸社, 1985)에 이르기까지의 다양한 주장이 그러하다.

'위헌 심사제 혁명'

법과 재판 사이에는 떼려야 뗄 수 없는 연관 관계가 존재한다. 그러나 헌법이 인권을 보장하고 있다 해도 그것을 재판이라는 수단을 통해 실현하는 방식이 아주 최근까지는 결코 일반적이지 않았다.

인권 선언이라고 할 만한 1789년 선언을 살펴보도록 하자. 그것은 '시효에 의해 소멸되는 일이 없는 자연권'으로서의 '인' 권의 '보전'을 '무릇 정치적 결합', 즉 국가의 목적으로 강조(1조)한 것이었지만, 다른 한편으로 법률을 '일반 의사의 표명'(6조)으로 보고 인권의 실현을 전적으로 법률에 위임하는 실정법상의 구성을 디자인했다. 루소 이래의 사고방식으로 "일반 의사는 잘못을 저지르는 일이 없다." 따라서 여기서는 있을 수 있는 법률에 의한 침해로부터 인권을 보호한다는 따위의 구상은 없었다. 생각해 보면 대처 전 수상이 "인권이라면 이쪽이 먼저"라고 말한 영국의 경우에 국회 주권의 원리하에 국회 제정법만이 최고 법규라고 여겨져 왔다. 이러한 일치는 우연이 아니다. 근대 헌법은 먼저 법률에 대항해서가 아니라 법률을 통해서 인권을 보장하려고 하는 의회중심주의라는 형식을 취했다. 미국이 갓 건국한 시기부터 1803년의 한 판결을 시작으로 이미 대법원 판례의 축적을 통해 사법권에 의한 위헌 심사 제도를 운용해 온 것은 예외였다.

예외와 원칙이 역전된 것은 제2차 세계대전 후의 일이다. 독일(구 서독의 1949년 기본법)과 이탈리아(1947년 헌법)에서 헌법재판소에 의한 법률 위헌 심사 제도가 마련되고, 오랫동안 "일반 의사의 표명인 법률을 민주적 정통성을 지니지 않은 재판관이 심사하는 것은 용납할 수 없다"는 전통을 고수하고 있었던 프랑스에서도 1958년 헌법에 의해 설치된 헌법원의 활동이 1971년의 한 판결을 계기로 크게 활성화되어 왔다. 1970년대 이후의 유럽에서는 거의 대부분의 나라가 위헌 심사제를 실시해 저명한 비교재판법 학자 카펠레티M. Cappelletti[54]가 '위헌 심사제 혁명Judicial Review Revolution'이라는 말까지 사용하기에 이르렀다.

'혁명'은 1989년 이후 동유럽 세계의 변동 속에 구사회주의권에 미쳐 현재에 이르고 있다. 1993년 5월 파리에서 열린 유럽헌법재판소회의에는 당시의 회의 멤버였던 11개국의 헌법재판소(동유럽에서는 헝가리와 폴란드) 대표 외에 불가리아, 크로아티아, 리투아니아, 루마니아, 러시아, 슬로바키아, 슬로베니아, 보스니아, 룩셈부르크, 아일랜드, 아이슬란드, 노르웨이, 유럽인권재판소, 유럽인권위원회, EC재판소의 대표가 참가해 '위헌 심사제 혁명'의 확산을 강하게 인상지웠다. 이 회의에 출석한 미테랑 대통령은 다음과 같이 연설을 끝맺었다.

유럽 문화가 그리스 철학, 로마법, 기독교 신학에 기초를 두고 있다고 말한 것은 폴 발레리[55]였다. 정말로 로마법이 12세기 유럽에서 완전히 공통재가 된 것은 그것을 가르치고 운용하는 법률가들이 로마법을 유럽 규모로 아니 보편적으로 확산시켰기 때문이다. 그런데 오늘날 역시 보편적인 사명을 지닌 유럽 문명의 표현인 인권에 대해서도 똑같은 말을 할 수 있다. 바로 그런 이유에서 여러분이 파리에 모여 여러분 사이의 다양성을 넘어 우리의 전 대륙을 통해 가장 좋으면서도 가능한 한 조화로운 인권 보장을 실현할 수 있을지를 논하는 것이다.

그리하여 오늘날에는 입법에 의한 침해에 대항해 재판 방법을 통해 헌법상의 권리를 확보하는 방식이 인권 보장에 불가결한 것으로 간주된다.

위헌 심사제의 구조는 크게 나누어 두 가지 유형이 있다. 19세기 초 이래의 미국 방식은 연방 대법원을 정점으로 하는 통상적인 사법재판소가 민·형사의 구체적인 사건의 심리 속에서 소송 당사자의 주장을 받아들여 적용 법령의 헌법 적합성을 심사하고, 위헌이라고 판단했을 때에는 그 사건에 대한 적용을 배제하고 헌법 판단은 판결 이유 속에서 제시된다(비집중형·부수적 심사제). 독일 방식은 헌법재판소가 구체적인 사건과 관계없이 일정한 제소권자의 이의 신청에 따라 법령 자체를 심사 대상으로 삼으며 판결 주문에서 위헌으로 여겨진 법령은 일반적으로 효력을 상실한다(집중형·추상적 심사제). 유럽 여러 나라의 제도는 대부분 이 유형에 속하는데, 그중에서 프랑스의 제도는 법률이 의회에서 채택되고 대통령의 심서審署[56]를 얻어 발효될 때까지에 한해 심사할 수 있는 사전심사제라는 것이 특징적이다.

제도의 논리로 말하면 미국형은 사건의 소송 당사자가 된 사인의 권리 구제를 직접적인 목적으로 삼고 독일형은 최고 법규로서의 헌법 가치를 옹호하는 것 자체를 목적으로 삼고 있었다. 특히 동서 냉전이 격화되는 시기에, 독일 제도는 서방 측의 데모크라시를 나치즘의 재래와 코뮤니즘의 위협에 대항해 방어하는 색채가 농후했다. 그러나 오늘날에는 앞에서 언급한 미테랑의 연설이 말해 주는 대로 유럽적 규모의 인권 보장에 힘쓰는 것으로 의미 전환을 하고 있다. 한편 미국형도 판례에 구속력이 있는 것과 더불어, 또한 직접적으로는 사건 당사자와 관련된 것이더라도 '같은 입장에 놓인 불특정 다수의 사람들'의 법적 지위에 큰 영향을 미침으로써 소송 당사자의 지위에 머무르지 않고 객관적인 헌법 질서 형성이라는 의미를 갖게 되었다.

인권 옹호자로서의 재판관—그 정당성

이와 같이, 오늘날 국민 대표에는 의회보다 오히려 재판관이 인권 옹호자로서 기대를 모으고 있다. 그러나 여기에는 간단히 풀기 어려운 문제가 있다. 그 이유는 다음과 같다.

데모크라시—법적으로 말하면 국민주권이라는 것이 된다—의 근본 원칙은 일반적으로 공권력의 담당자가 국민에 대해 책임을 지는 것이다. 임기를 정하고 선거를 통해 그 지위에 오른 의원들로 구성된 입법부는 그것에 의거해 국민 의사를 자신의 정통성의 근거로 원용할 수 있다. 직접적으로든(민선 대통령), 입법부를 통해서든(의원내각제의 수상) 행정부도 국민 의사에 의해 자신의 정통성에 근거를 부여할 수 있다. 그렇지만 재판관에게는 재판의 독립이라는 또 하나의 대원칙이 있어 국민 의사에 의한 통제로부터는 의식적으로 거리를 두는 시스템을 취하고 있다.

예전의 사법권은 입법부가 정한 일반적 규범을 개별적인 사례에 충실히 적용하는 한정적인 역할을 하는 것으로 간주되었기 때문에, 재판관의 독립은 법률에의 종속과 한 조를 이룸으로써 공권력의 책임성이라는 원칙과 모순되지 않게 설명할 수 있었다. 그러나 위헌 심사제는 입법부가 정한 법률 자체를 헌법에 비추어 무효화하는 권한을 재판관에게 부여한다. 물론 '헌법에 비추어서' 라는 단서가 붙어 있기는 하다. 그렇지만 기준이 되는 그 '헌법' 은 실은 다름아닌 재판관들이 해석해 보인 헌법, 바로 그것이 아닌가 하는 의문이 제기된다면 어떻게 설명할 수 있을까.

1930년대 미국에서 세계 공황에 의한 황폐로부터 미국 사회 재건을 꾀하는 뉴딜 정책의 근간이 되는 제 입법이 대법원에 의해 연거푸 위헌으로 여겨졌다. 연방 입법에 의한 주권州權의 침해라는 논점의 배경에는 전통적인 인권 체계의 일환인 경제적 자유를 제약하는 사회 구제 입법에 대한 태도가 문제시되고 있었다. 이 문맥에서 '보수적인 재판소의 너무 주제넘는 참견' 이 비난을 받고 '사법의 겸양' , '정치 부문에 대한 예양禮讓' 이 주장되었다. 하지만 그후—특히 1960년대가 되었을 때— 이번에는 정치적 자유와 인종 간의 평등이 문제가 되는 일련의 사례에 대해 미국 대법원이 그것들에 대한 제약을 적극적으로 위헌으로 보게 된다. 이때의 논리가 앞에서 거론한 우월적 자유와 이중 기준이라는 생각이었다.

그러나 어느 쪽이든 '위헌' 이라고 판단되는 쪽의 정치 부문—그 다수파—이 그대로 물러날 리 없다. 1970년대 이후의 미국에서 논의되는 '원의原意주의originalism' 주장은 재판관들이 '건국의 아버

지들', 즉 헌법의 기초·제정자의 의도에 따라 헌법을 해석해야 한다고 설명한다. 이 주장은 재판관으로 하여금 기준으로 여겨지고 있는 '헌법 자체'를 자신의 정통성의 근거로 삼을 수 있게 해주는 대신에, 다시 재판관의 역할을 전통적인 형태 속으로 되돌리려고 한다.

원의주의에 대해 비원의주의non—originalism라 불리는 입장은 '현의現意주의로 헌법의 현재 의미를 탐구하는 것이야말로 재판관의 일이라고 재반론한다. 그렇다면 이러한 재판관의 일을 지탱하는 정통성은 어떻게 설명될까.

한 가지 사고방식은 재판관의 '정답right answer' 획득 능력을 증거로 내세운다. '기존의 법 규범existing law'의 있는 그대로의 의론을 재판관은 말할 뿐이라는 도식을 버리면서도 여전히 재판관은 '정답'을 발견할 수 있고 또 그렇게 하지 않으면 안 된다는 것이다.

정답 획득 능력에 대한 기대는 미국 대법원의 경우에는 앵글로색슨 사회의 전통적인 정치가statesman로서의—단순한 법기술자가 아니라— 법률가의 권위에, 대륙형 헌법재판소의 경우는 그 속에서 지배적인 영향력을 발휘하고 있는 법학 교수들이 로마법학 이래 떠맡아 온 전통적 권위에 의해 각각 뒷받침되고 있다. 그러한 재판관층을 포함한 계몽된 엘리트층에 의해 형성되는 일정한 컨센서스(합의)의 존재도 중요한 요소가 된다. 인권이 다수자의 의사에 대항해서라도 확보되어야 하는 것인 이상, "모두가 어떻게 생각할까" 하는 인습적 도덕conventional morality에 대항해서라도 주장되는 비판적 도덕critical morality의 존재가 재판관의 정답 획득 능력에서 무엇보다 중요한 받침대가 된다는 구도이다. 그러한 의미에서의 컨센서스는 오늘날에는 한 나라의 범위를 넘어 확산되고 있다. 헝가리의 헌법재판관이 국제학회에 제출한 어떤 보고는 동 재판소의 1990년 판결이 유럽 여러 나라 헌법재판소, 나아가서는 미국 대법원의 선례를 '보이지 않는 헌법Constitution invisible'으로 원용했다고 말하고 있다.

그러나 이러한 이른바 엘리트주의형의 논의에 대해서는 "역시 결정적인 것은 재판관 각자의 결단이며 의사이지 않은가" 하는 반론이 여전히 남는다. 재판관은 '정답'을 추구해야 한다고 하더라도 실제로 그러할까, 또 정말로 그렇게 할 수 있을까 하는 것은 다른 것이라는 의심이다. 재판관의 정답 획득 능력에 기대를 거는 입장에서 집필된 《권리를 진지하게 고려하자Taking Rights Seriously》—앞에서 거론한 드워킨의 번역서 《권리론》(한국어판은 《법과 권리》)의 원제—라는 책이름을 빗대어 "재판관(이 하고 있는 일)을 진지하게 받아들이자Les juges pris au sérieux"라고 말하는 트로페르M. Troper[57]의 경구는 그러한 의심을 중시하는 입장에 선다. 이를테면 의사주의형 논의의 입장에서 보면 재판관의 정통성에서는 그 '의사'에 뭔가의 의미에서 최종적으로는 국민 의사가 반영되어 있다는 설명이 중요한 의미를 지니게 된다.

실제로, 미국에서 대법관 임명은 지명권을 행사하는 대통령에게 가장 중요한 정치적 행위로 간주되고 있으며, 동의권을 갖고 있는 상원은 본인의 청문을 포함해 모든 각도에서 그 적부를 심의하고 종종 동의를 거부하기도 한다. 대륙형 헌법재판소 재판관 선임도 정치 부문 각각의 의사, 나아가서는 그 내부에서의 다수·소수 각각의 의사가 반영되는 방식을 취하고 있다. 논자에 따라서는 헌법 판단을 하는 입장에 있는 재판관이 "정치 부문에서 정치적 동기로 선임되는" 것이 "결함이 되기는커녕 하나의 장점이며 필요하기까지 하다"라고 말하기도 한다(파보뢰L. Favoreu). 이러한 관점은 중요하다. 다만 이때 '정치' 성과 균형을 이루는 요소로서 앞에서 살펴본 법률가나 법학 교수의 자립적인 전통적 권위의 존재의 무게를 잊어서는 안 될 것이다.

이와 같이 엘리트주의형 논의만으로도 의사주의형 논의만으로도, 재판관의 정통성을 모두 만족스럽게 설명하기는 어렵다. 그러한 문맥에서 보면 소극적인 논거이기는 하지만 결정적인 의미를 갖는 것으로 "재판관의 헌법 판단이 최종적인 것은 아니다"라는 논점이 부상한다. 최종적으로는 헌법 개정에 의해 재판관이 기준으로 제시한 헌법이 극복된다. 그러한 의미에서 재판관의 선택은 극복될 수 있다. 바로 그렇기 때문에 인권 옹호자로서의 재판관이 자신의 최선을 다하는 것은 민주적 정통성에 반하는 것이 되지는 않는다. 재판관이 내린 판단에 의해 '무엇이 문제인지'를 충분히 알고 난 뒤에 인권을 '필요 없다'고 판단하는 국민이 헌법 개정권을 행사하면 인권은 실정법 세계에서 사라진다. 사상으로서의 인권이 다시 실정법의 세계를 만드는 복원력을 축적할 수 있을까.

이것이 마지막 장면에서의 문제가 될 것이다.

'국제화' 와 인권

human rights 내지 fundamental human rights라는 말은 하나의 쓰임새로서 국제 사회에서 존중되어야 하는 이념이라는 의미를 지니게 되었다. 그러나 다른 한편으로 실정법상의 제도로서 인권의 보장은 전통적인 국제법이 다루는 사항 밖에 놓여 있었다. 국내의 인권 문제는 내정 불간섭의 원칙에 의해 타국의 관심 밖에 놓이고, 다른 한편으로 국제 사회에서는 애당초 국제법의 주체는 어디까지나 각각의 주권 국가이고, 개인은 법 주체로 등장하지 않았다. 그뿐만 아니라 19세기의 영국과 프랑스도 역시 국내에서의 권리 보장 제도의 정비는 대개 정의상 인권 개념과 모순되는 식민지의 희생 아래 진행된 본국의 번영을 기반으로 하고 있었다. 앞에서 언급한 카를 슈미트의 경구는 이 점을 통렬히 비난하고 있었다.

(넓은 의미의) 인권의 국제적 보장에서 선구적인 의미를 갖는 것은 민족적 마이너리티에 대한 국제적 보호이다. 1차 세계대전 후 국제 조약으로 소수 민족을 보호할 의무를 국가에 부과하고 국제 연맹으로 하여금 그 이행을 감독하게 하는 방식이 동·중유럽 여러 나라에 채용되었다. 그것은 오스트리아=헝가리 제국 내의 소수 민족 문제가 1차 세계대전의 발단이 된 점을 반영한 것이었다. 1차

세계대전 후에 설치된 국제노동기구도 노동 문제를 국제적 관심의 장으로 끌어 냄으로써 사회권의 국제적 보장의 발판이 되었다.

제2차 세계대전은 인권을 국제적으로 보장하는 데 있어 결정적인 획기적 시기가 된다. 연합국 측이 파시즘에 대한 자유와 인권 보호라는 깃발을 내세움으로써 그것이 전쟁의 대의가 되었다. 표현의 자유, 신앙의 자유, 결핍으로부터의 자유, 공포로부터의 자유를 '세계 어디에서나' 확보할 것을 호소한 루스벨트 대통령의 '네 가지 자유'(1941)나 대서양헌장[58](1941), 유엔헌장(1945), 세계인권선언(1948)으로 이어지는 흐름이 이렇게 해서 만들어졌다. 1960년대에 가입한 제3세계의 여러 나라가 포함된 유엔총회가 '경제적, 사회적 및 문화적 권리에 관한 국제 규약'과 '시민적 및 정치적 권리에 관한 국제 규약'을 채택한 것은 1966년이며, 이것들이 1976년에 서명국들 사이에서 발효(일본은 1979년에 비준)되었다. 유엔은 또한 일련의 차별 금지 조약을 통해 당사국에 차별을 철폐할 의무를 부과하고 있다. 예컨대 '모든 형태의 인종 차별 철폐에 관한 국제 조약'(1965년 유엔총회 채택, 1969년 발효. 일본은 1995년 비준, 1996년 발효), '여성에 대한 모든 형태의 차별 철폐에 관한 조약'(1979년 채택, 1981년 발효. 일본은 1985년 비준·발효), '아동의 권리에 관한 조약'(1989년 채택. 일본은 1994년 비준·발효) 등이다.

인권의 국제적 보장 방식

선언에서 재판을 통한 보장 방식으로라는 진전이 국내 차원에만 머무르지 않고 국제 차원에서도 시작되고 있다.

'인권과 기본적 자유의 보호에 관한 유럽 조약'(1950년 서명)은 사회권에 대해서도 언급하고 있었던 세계인권선언에 비해 전통적인 자유권에 주안점을 두고 있지만, 그 반면에 유럽인권위원회와 유럽인권재판소라는 기관을 두어(스트라스부르) 다수의 실례·판례를 축적하고 있다(1998년에 발효된 제11의정서로 인권위원회가 폐지되고 인권재판소로 일원화되었다). 국내법상의 구제 수단을 다 동원한 뒤에라는 신청 조건을 충족시킬 필요가 있지만, 권리를 침해당한 사인私人은 인권재판소에 의한 구제를 요구할 수 있다(2002년 현재의 가맹국은 31개국). 이 조약은 1949년에 원原가맹국 10개국의 서명으로 성립된 유럽회의 또는 유럽이사회Council of Europe(유럽연합EU의 정상회의European Council는 별개의 것이라는 데 주의)와 밀접한 관련을 맺고 있으며(인권재판소의 멤버는 이 조직의 기관에서 선임된다) 동서 세계의 분열 속에서 서방 측 세계의 일체화를 목표로하는 색채가 짙은 것이었다. 오늘날에는 그러한 당초의 문맥에서벗어나 동서 유럽을 '인권'이라는 공통항으로 묶는 것으로서의 의미를 지니고 있다. 1975년 7월의 헬싱키선언(알바니아를 제외한 전유럽 제국과 미국, 캐나다가 참가)을 계기로 유럽안전보장협력회의CSCE가 인권을 둘러싼 제 문제와 관련해 합의를 이루어 왔던 것도 상황의 추이를 상징적으로 반영하고 있다.

유럽인권재판소에 더해 유럽경제공동체EEC에서 유럽연합EU으로의 전개 속에서 이 기구가 갖고 있는 유럽재판소(룩셈부르크 소재)도 각 가맹국의 공권력 행사에 대한 국제적인 재판 통제의 길을 열어 놓고 있다. '위헌 심사제 혁명' 이라는 표현을 사용해 재판을 통한 인권 보장의 진전을 그려 낸 카펠레티는 국내 레벨national, EU공동체 레벨communautaire, 유럽인권조약 레벨européen 등 세 층에 걸쳐 '혁명' 이 진행되기 시작했다고 말하는 것을 잊지 않았다.

미주인권협약(1969년 작성, 1978년 발효), 아프리카인권헌장(1981년 채택, 1986년 발효) 등 인권에 관한 지역적인 국제 문서가 다른 데도 있지만, 인권의 국제적 보장의 제도화는 경제적·정치적·문화적인 동질성과 역사적 배경을 갖춘 유럽이기 때문에 가능했던 것이다. 세계를 널리 둘러보면 지금으로서는 비재판적 보장이 중요한 역할을 담당하고 있다.

유엔이라는 제도 차원에서도 일정한 변화가 있다. 원래 헌장은 인권의 '조장 장려' 에 관한 국제 협력을 유엔의 목적으로 내걸고(1조 3항) 있으면서도 "헌장의 어떠한 규정도 본질상 어떤 나라의 국내 관할권 내에 있는 사항에 간섭할 권한을 유엔에 부여하는 것이 아니다"(2조 7항)라고 보고 있고, 유엔총회 결의 36-103도 "가맹국은 인권에 관한 사항을 국내 사항에 간섭할 목적으로 이용하거나 왜곡하는 것을 삼가야 한다"(1981년 12월 9일)고 말하고 있었다. 그에 비하면 총회 결의 43-134(1988년 12월 8일)가 프랑스 의사단의 인도적인 구원 활동과 관련해 불간섭 원칙은 '자연 재해' 및 **'동일한 긴급성을 지니는 기타 사태'**에서 희생자에 대한 접근을 방해하는 것은 아니라고 본 것은 새로운 방향을 나타내는 것이었다. 이리하여 인권 문제에 관한 한 국제 사회는 간섭할 권리가 있다기보다 그 의무가 있다는 주장이—대국이 이 독트린을 편한 대로 이용하는 것에 대한 비판과 더불어—널리 공감을 불러일으키고 있다. 특히 국제엠네스티Amnesty International를 비롯한 민간 국제 단체의, 국가 간이라는 의미에서의 *inter*national을 넘어선 *trans*national한 활동은 여러 가지 어려움에 직면하면서도 인권의 국제적 보장에서 사활死活이라고 해도 좋을 정도의 역할을 하고 있다.

그렇다면 국가가 상대화되어 가면 갈수록 인권이 확대될까. (좁은 의미의) '인' 권의 주체가 되는 개인을 만들어 내기 위해 중간 단체를 해체하고 있었던 국가의 역할이 완전히 사명을 마친 것일까. 세속적·가치 중립적인 국가가 종교의 지배력에 대항해, 사회·국가가 돈의 지배력에 대항해, 각기 사회적 권력으로부터의 개인의 해방을 떠받치는 작용을 한 것은 이미 아주 먼 과거의 이야기가 되어 버린 것일까. 지금 '거칠고 난폭한 자본주의'나 '민족'의 신화가 사람들을 파멸로 몰아넣으려고 하고 있을 때 그렇게는 말할 수 없을 것이다. '민족' 분쟁의 비극은 국가가 너무 강하기 때문이 아니라 사회 계약의 논리로 파악된 모습의 국가—자연의 소여('대지와 피'!)로서의 국가가 아니라 개인들이 계약으로 맺은 인위의 소산이었을 국가—가 너무 약하기 때문이 아닐까.

국제적 의의를 갖는 인권 보장

국제 사회의 인권에 대한 관심 고조는 동시에 국내에도 영향을 미치지 않을 수 없다. 그리고 이것은 이중의 의미에서 그렇게 된다.

첫째는 보장 방식과 관련되어 있다. 국제 조약이 국내적 효력—이를 위해 다시 법률을 제정할 필요가 있는지, 아니면 자국이 비준한 조약과 확립된 국제 관습법은 동시에 국내법이기도 하다는 시스템을 택할 것인지는 각국 헌법이 정하는 방식에 따른다고 보고—을 가짐으로써 국내 재판소가 조약에 정해진 제 권리를 보호할 수 있게 되기 때문이다.

다름 아닌 일본에서도 조약의 국내법상 효력을 헌법보다는 하위이지만 법률보다는 상위에 있다는 생각을 전제로 하면 헌법 명문에는 쓰여 있지 않지만 조약 규정에 있는 인권에 대해 그것을 침해하는 법률, 그밖의 국내 법령을 위법·무효한 것으로 취급할 수 있게 될 것이다.

둘째는 보장되는 권리 내용과 관련되어 있다. 한편으로 현재 국내에 있는 외국인의 (넓은 의미의) 인권이 문제가 되어 자유권이나 사회권에 더해 참정권이 논점이 되고 있다. 국정 차원에서는 국민 주권 원리에 저촉된다는 점이 계속 억제적으로 작용하고 있지만 지방 선거와 관련해서는 유럽 여러 나라에서 외국인에 대한 선거권·피선거권이 유럽연합 가맹국 상호 간에 이미 법제로 확립되어 있는 것 외에 그밖의 장면도 포함해서 시의성 있는 논점이 되고 있다. 거기서는 여하튼 '국적nationalité(nationality)'과 다른 차원에서 '시민성citoyenneté(citizenship)'이라는 키워드가 정치 참여 주체의 범위를 획정하는 논의 속에서 사용되고 있다.

다른 한편으로 외국인의 입국 장면에서 망명권 내지 비호권庇護權의 문제가 있다. 전통적인 용어에서는 이 권리는 본국에서 정치적 박해를 받고 있는 사람에게 비호를 부여한 국가가 그로 인해 국제법상의 책임을 지게 되지는 않는다는 국가의 권리를 의미하고 있었다. 파시즘 체험을 거친 2차 세계대전 이후 국내 헌법에 망명권이 규정되기에 이르렀을(독일 기본법 16조 2항[현재 16a조], 1946년 프랑스 헌법 전문[현재 1958년 헌법 53조의 1])에는 그것은 비호를 요청하는 개인 측의 권리로 구성되었다. 1980년대 이후의 구舊동유럽 세계로부터의 사람들의 이동과 제3세계의 강권 정치에서 벗어나려는 사람들에 더해 경제 난민 파도의 압력 아래 서유럽 여러 나라는 많든 적든 비호의 인정에 억제적이다. 하지만 그렇다 하더라도 이 권리의 행사에 의해 실제로 부여받은 비호의 양·질에 걸친 중요성, 나아가 이 권리를 내세우고 있는 것 자체가 '자유를 편드는 행위이기 때문에 박해받은 모든 사람'(1946년 프랑스 헌법 전문)에게 용기를 북돋아 준 상징적 의미의 크기는 조금도 손상되지 않는다.

마지막으로 다름 아닌 일본국헌법 전문이 '평화 속에서 생존할 권리'에 대해 언급하고 있는 것을 지적하지 않으면 안 된다. 이 권리의 내용과 관련해서는 전쟁 포기와 전력戰力을 보유하지 않는다고 정한 제9조를 인권 사상에 의해 뒷받침한 것—단지 국가의 정책적 선택을 규범화한 것이 아니라—으로 받아들이는 것이 학설의 대체적인 이해이지만 그와는 반대로 자위 조치를 취할 수 있다는 것을 '국가 고유의 권능 행사로서 당연한' 일이라고 할 때의 논거로 이 평화적 생존권을 원용한 판결문도 있다(최고재판소 1959년 12월 16일 대법정 판결). 이와 같이 이 권리에 대한 공통의 이해가 널리 확립해 있다고는 할 수 없다. 그러나 (넓은 의미의) 인권의 전개사를 조망하면 18세기에 선언되고 19세기에 법 제도상에 존재하게 된 자유권, 20세기 전반에 헌법 이념으로 등장하고 후반에 실정법화된 사회권에 뒤이어 이러한 제 권리의 전제 자체를 확보하려는, 말하자면 21세기를 선취하는 것으로 받아들일 수 있을 것이다.

이리하여 넓은 의미의 인권 발전사의 최첨단에 위치하는 '평화 속에서 생존할 권리' 야말로 실은 지금 가장 좁은 의미의 '인' 권을 확보하기 위해 무엇보다 불가결한 것이 되고 있다.

전후 일본의 인권론을 돌아보며—후주後注를 대신해

일본국헌법이 시행되고 나서 거의 10년이 경과되었을 때 지도적 역할을 하고 있었던 한 헌법학자가 현재 인권론의 고전이라고 할 수 있는 저서를 출간했다. 미야자와 도시요시宮澤俊義의 《헌법憲法 Ⅱ》(有斐閣, 1959)은 "일본 헌법의 인권 선언 배후에는 2세기에 걸친 여러 나라 인권 선언의 귀중한 경험 축적에 의한 인류의 '공통 유산'이 있다"는 관점에서 책의 절반을 인권의 사상사·제도 발전사에 할당해 실정법 개설서로는 파격적으로 편성된 명저였다. 이 책은 "인간이 인간인 데 기초해 당연히 갖는다"고 여겨지는 인권이 일본에서도 마침내 기본법에 등장하게 된 것의 의의를 확인하는 것이었다. 그로부터 다시 10년이 지난 뒤에 한편으로는 1950년대에 시작된 미국 헌법 연구(이토 마사미伊藤正己, 《언론·출판의 자유言論·出版の自由》, 岩波書店, 1959)의 계보를 이으며 인권에 관한 일본 판례의 양태에 대한 비판적 문제 의식을 명확히 한 헌법 소송론이라는 새로운 연구 영역이 개척되기에 이른다. 1960년대 후반부터의 업적을 집대성한《헌법소송의 이론憲法訴訟の理論》(有斐閣, 1973)을 시초로 하는 아시베 노부요시芦部信喜의 연작이 주도한 이 방향은 후속 세대에 의해 폭넓게 계승되지만 그 속에서 '어떻게'를 묻는 절차론과 연계하면서 '왜'를 묻는 실체론이 논의되기에 이르렀다(앞에서 언급한 오쿠다이라 야스히로奥平康弘의《헌법憲法 Ⅲ》, 사토 고지佐藤幸治의《헌법憲法》등).

다른 한편으로는 인권의 역사와 원리론을 지향하는 학제적인 공동 연구가 1960년대 후반에 조직되어 도쿄대학 사회과학연구소 편의《기본적 인권基本的人權》전 5권(東京大學出版會, 1968~1969)으로 출판되었다. 많든 적든 마르크스주의의 영향을 받은 사회과학 포럼으로 인권을 주제로 다룬 것 자체가 당시로서는 획기적인 일이었다. 거기에서는 인권에 대해 지배를 위한 허위 장치로 파악하는 관점이 존재한다는 사실을 전제로 한 뒤에 그러한 관점을 인권의 보편성이라는 문제 의식과 어떻게 교착交錯시킬 것인지에 대한 대화가 시도되고 있다. 예컨대 제1권에 수록된 다카야나기 신이치高柳信一의 〈근대 국가에서의 기본적 인권近代國家における基本的人權〉은 '비속한 영리를 위한 자유'의 역사적 피규정성에서 출발해 '고상한 정신의 자유'의 보편성에 대해 생각하려고 하고, 제2권에 수록된 이시다 다케시石田雄의 〈일본에서의 법적 사고의 발전과 기본적 인권日本における法的思考の發展と基本的人權〉은 "내가 말하는 '기본적 인권'의 관점 속에는 특히 역사적 피규정성을 지닌 절대적인 소유권은 포함되어 있지 않다"고 하며 "역사적 소산으로부터 추상된 말하자면 근대 민주주의의 공리로서의 '기본적 인권'의 관념"을 채택하고 있다. 이 공동 연구 속에서 경제사 연구자가 '법률학 비판'을 제기해 '영업의 자유' 논쟁을 낳았다(앞에서 언급한《자유경제의 사상自由經濟の思想》을 비롯한 오카다 도모요시岡田與好의 일련의 연구). 또 인권선언 200주년을 배경으로 인권의 역사 연구에 대한 관심이 다시 높아졌다(예컨대 앞에서 언급한 쓰지무라 미요코辻村みよ子,《인권의 보편성과 역사성人權の普遍性と歷史性》).

사회주의로의 이행—역사적이지는 않다고 하더라도 논리적 가능성으로서 그것을 상정하는 것은 비사회주의자라도(혹은 그렇기 때문에 더욱) 사회과학의 논의에서는 불가결했다—이라는 문맥 속에서 인권 가치를 어떻게 자리매김할 것인가 하는 것이 1970년대까지의 논의였다. 현실의 사회주의 사회가 활력을 잃고 이윽고 붕괴해 가는 단계에 이르러 '구속의 결여'로서의 자유의 한 표현인 듯한 '시장 만능'의 목소리가 논단을 뒤덮게 된다. 그러한 가운데 사회주의법 연구자 속에서 "원자론적인 자율적 개인들=상품 생산자의 집적이 아니라 오히려 단체적 구조를 갖기 때문에 자율성을 획득한 사회"를 '시민 사회'로서 염두에 두고, 자본주의라는 경제적 요인이 아니라 단체적 구조=국제사적國制史的 요인에 입헌주의에 대한 전망을 맡기려는 구도가 제시되고 있다(오에 다이이치로大江泰一郎,《러시아·사회주의·법문화—반입헌적 질서의 비교국제사적 연구ロシア·社會主義·法文化—反立憲的秩序の比較國制史的研究》, 日本評論社, 1992). 이것은 가장 좁은 의미의 '인'권 주체로서의 개인에 대

한 집착 대신 중세 입헌주의의 전통을 원용하는 것을 의미할 것이다. 이 구도는 중세의 법 지배의 계보에 의해 근대 입헌주의를 설명하는 접근법이 유력한 일본 헌법학계에서 논리로 수용되기 쉬운 면을 지니고 있고, 또 공동체에서 해방됨과 동시에 방출된 개인을 주체로 하는 곳에서 '인' 권의 위대함과 난관을 간파하는 이 《한 단어 사전》의 관점과 대립하는 것이 된다.

다른 한편으로 "사회주의 국가는 ……사회주의가 본래 갖고 있어야 하는 원리·원칙을 철저히 무시함으로써 붕괴했다"는 인식하에서 "사회 다수자의 의사·이익이 국가의 의사·이익이 되는 것을 보장하고 있는 민주적인 권력하에서는 사회의 다수자와 권력 사이에서 대립이 원칙적으로 소멸하고 권력의 본 모습 자체가 인권 보장으로서의 의미를 갖게 된다"(스기하라 야스오杉原泰雄,《인권의 역사人權の歷史》, 岩波書店, 1992)고 보는 주장이 다시 전개되고 있다. 옛 사회주의 여러 나라가 앞다투어 '자유화'로 치닫고 있는 내부 실정이 마음의 자유보다 돈의 자유, 그것도 '공정하면서도 자유로운 경쟁'보다 '인간 욕망의 해방'으로서의 자유에 경도되어 있는 모습을 볼 때마다 '민주화' 없이 '자유'는 있을 수 없다는 지적이 그 나름대로 설득력을 갖는다. 원래 국민 '주권'의 성립에 의해 비로소 '인' 권 주체로서의 '개인'이 성립했다는 관점이 이 책 기술의 기본으로 되어 있다. 그러나 이와 동시에 민주화에 의해 자유의 문제가 해소되는 것이 아니라는 관점도 이 책 밑바닥에 놓여 있다. 전후에 해방의 의미를 되물으면서 "민주주의를 오로지 권력과 인

민이라는 종적 관계에서 파악하며 다수에 대한 개체라는 수평적 차원을 무시 혹은 경시하는 '전체주의적 민주주의'의 위험"을 설파한, 전후의 지성을 대표한다고 할 수 있는 목소리(마루야마 마사오丸山眞男, 《현대 정치의 사상과 행동現代政治の思想と行動》 증보판, 未來社, 1964, 574쪽)가 '정치적 압제' 뿐만이 아니라 '사회적 전제'(존 스튜어트 밀)에도 생각이 미치면 지금 한층 더 절실하게 다가온다. 여기서도 '다수에 대한 개체라는 수평적 차원'의 일을 인권 문제로 물으려 한 이 '사전'의 관점과 '사회의 다수자의 의사'에 인권 보장 담당자의 역할을 맡기려는 입장이 대조를 이루게 된다.

　제한된 지면에서의 이 '사전'의 기술은 그것과는 대조적인 입장에서의 다양한 입론을 소개·정리한 이후의 전개를 생략하고 있기 때문에, 독자 각자의 관점에서 이상에 소개된 문헌, 나아가 그러한 문헌들에 의해 비교 대조되고 있는 저작을 읽고 비교해 주기를 희망한다. 덧붙여 이 '사전'에서는 국내외의 실정법·판례 이론에 관한 방대한 양에 이르는 연구에 대해 언급하지 못했지만, 우선 《강좌·헌법학講座·憲法學》 제3·4권(日本評論社, 1994)에 그 현상現狀과 논점이 제시되어 있다.

옮긴이의 글

본서는 히구치 요이치樋口陽一의《인권人權》(三省堂, 1996)을 완역한 것이다. 원래 원저는 삼성당에서 기획·출판한《한 단어 사전一語の辭典》시리즈 중 한 권이다. 1995년부터 발간되기 시작한 이 시리즈는《인권》을 포함해 모두 20개의 단어로 구성되어 있다. 시리즈의 간행사가 밝히고 있듯이 각각의 단어는 시대와 함께 의미가 변화하고, 더욱이 의미 내용도 풍부해진다. 단어에 역사가 있기 때문이다. 이러한 시리즈 간행의 취지에 맞게 이 책은 인권이라는 말의 정의, 인권사상사, 법제도상의 인권 등으로 나누어 '인권'에 대해 설명하고 있다. 각 장이 다소 독립적인 형태를 띠고 있고 따라서 각각의 장만으로도 훌륭한 자기 완결적인 내용을 이루고 있다. 그러나 역시 말, 사상, 법제도 등의 모든 측면을 섭렵했을 때, 우리는 인권에 대해 그동안의 단편적인 이해를 극복하고 비로소 보다 체계적이고 종합적인 관점에 서서 전체적인 모습을 구축·이해할 수 있을 것이다.

이 책은 '사전' 답게 인권에 대한 소중한 내용을 친절하게 안내

해주고 있다. 다만 여느 사전과는 달리 인권의 언어상의 의미를 밝히는 데 머무르지 않고 사상사와 법제도상의 인권까지 망라하고 있다. 따라서 이 책은 인권 문제를 학문적으로 다루는 정치철학, 법철학 연구자에게는 인권 '론' 의 현재를 되돌아보며, 향후의 전망을 포함해 더 깊은 학문적 천착을 스스로 다짐하게 하고, 인권과 관련된 공적 업무에 종사하는 사람들에게는 인권의 의미의 변천이라는 사정射程 속에서 자신의 업무를 끊임없이 재확인, 재구축하게 하는 역할을 할 것이다. 그러나 이 책의 미덕은 오히려 그다지 '인권' 을 의식하는 일 없이 일상생활을 영위하는 대다수의 일반인들이 인권의 문제가 바로 자기 자신의 문제임을 깨닫고 인권의 옹호·확대·강화에 대한 명확한 자기 인식을 확립하는 계기가 될 수 있다는 점이다. 어디선가는 문명의 찬가가 구가되지만, 21세기가 이미 10년 이상이 지난(원저서가 출판된 지 15년 이상 지난) 오늘날에도 여전히 다른 어디선가는 인권 침해를 고발하는 절규가 들려 오고 있다. 이러한 사실은 인권이 아직도 험난한 도정道程에 있음을 의미한다. 인권의 확보는 인권에 대한 이해로부터 출발한다. 이것 또한 이 책이 갖는 의미이기도 하다.

　옮긴이는 이 책을 번역할 때 독자들의 편의를 고려해 원문에 약간의 손질을 가했다. 먼저 필요하다고 생각되는 곳에 옮긴이 주를 붙였다. 각주는 모두 옮긴이 주이다. 본문 속의 서지 정보와 관련해 저자와 서명(또는 논문 제목)은 우리말 번역 표기 다음에 일본어 표기를 했으며, 출판사의 경우에는 따로 번역하지 않고 일본어 표기만 했다.

여하튼 이 책이 우리나라에서의 인권의 대중화에 조금이나마 도움이 된다면 옮긴이로서는 더할 나위 없는 기쁨일 것이다.

이 책의 번역, 출판을 지원해 주신 한림대학교 한림과학원에 감사드린다. 이 책은 한림과학원의 〈동아시아 기본 개념의 상호 소통 사업〉의 하나로 이루어졌다. 한림과학원의 발전을 기원한다. 또한 번역을 권해 주신 박양신 교수님께도 감사드린다. 박 교수님께서는 옮긴이를 추천하며 과제를 부여하는 것에 미안해하는 듯한 모습이었으나, 옮긴이에게 이 사업에 참여할 수 있었던 것은 오히려 큰 행복이었다. 다소 막연했던 인권에 대한 이해가 체계적으로 정리되었기 때문이다. 또한 연세대학교 대학원 석사 과정의 이희경 양과 경희대학교 대학원 석사 과정의 임두리 양에게도 감사한 마음을 전한다. 두 사람은 대학원 공부를 소홀히 하지 않으면서도 옮긴이의 불안정한 문장을 거의 완벽하게 교정해 주었다. 물론 여전히 불안정한 문장이 남아 있다면 그것은 전적으로 옮긴이의 책임이다. 두 사람의 더 깊은 학문적 발전을 기원한다. 마지막으로 이 책을 출간해 준 도서출판 푸른역사의 편집부에도 감사를 드린다.

2013년 3월

송석원

주석

1 프랑스 혁명 당시인 1789년 제헌국민회의가 인간의 자유와 평등, 저항권, 주권
   재민 등 인간으로서 누려야 할 권리를 공포한 선언으로, 라파예트 등이 기초했
   으며 전문과 17개조로 이루어져 있다.

2 스위스 태생의 프랑스 귀족으로 자유주의 사상가 · 작가 · 정치인이다.

3 1948년 유엔총회에서 채택된 선언으로 유엔헌장의 취지에 따라 보호해야 할 인
   권의 내용을 구체적으로 규정하고 있으며, 전문과 본문 30개조로 구성되어 있
   다.

4 1966년 유엔총회에서 인권의 국제적 보장을 위해 채택된 조약으로 세계인권선
   언과 달리 체약국에 대해 법적 구속력을 갖는다.

5 '아프리카 문제는 아프리카에 의해'를 기치로 내걸고 아프리카 제국의 협력과
   단결을 촉진할 목적으로 1963년에 38개 아프리카 독립국이 결성한 국제 기구
   이다.

6 메이지유신 이후 국회 개설, 헌법 제정, 언론 및 집회의 자유 등을 요구한 정치
   사상 및 운동을 가리킨다. 메이지유신 이후의 정국 운영이 대체로 사쓰마薩摩
   와 조슈長州를 중심으로 한 번벌藩閥 정치에 의해 이루어졌다는 점에서, 자유
   민권의 사상과 운동은 다분히 이러한 현상에 대한 비판적 성격을 띰으로써 권
   력 투쟁의 한 방편으로서의 의미도 지니고 있었다.

7 자유민권 운동이 표방한 헌법 제정 요구와 관련해 자유민권파 등을 중심으로 각

지에서 다양한 형태의 헌법안이 제기된 것을 가리킨다.

8 뒤집어엎어 멸망시킨다는 의미이다.

9 메이지 시대의 사상가로 자유민권 운동의 이론적 지도자였다. 《赤穗四十七士論》, 《民權自由論》등의 저서가 있다.

10 1852~1883. 메이지 시대의 자유민권 운동가이다.

11 자유민권기에 이 운동의 선전을 위해 만들어진 연작 노래로 '요시야'는 설령, 만약 등의 의미를 지니고 있다.

12 정치학자 · 교육가 · 관료. 메이로쿠샤明六社(서양의 자유 · 평등 사상에 기반한 민중 계몽과 근대화를 목적으로 결성된 일본 최초의 학술 단체)의 멤버로 계몽 활동을 하기도 했으나 후에 사회진화론의 입장에서 천부인권론을 부정하는 등 민권사상을 비판하는 전향을 한 것으로도 유명하다.

13 정치가로 히토쓰바시一橋대학 창설자이다. 초대 문부대신과 메이로쿠샤 회장을 역임했다.

14 1925~2006. 작가.

15 교육철학자로 아시오 광독 사건足尾鑛毒事件을 파헤친 정치가 다나카 쇼조田中正造의 평전을 쓰기도 했다.

16 일본에 루소를 소개해 자유민권 운동의 사상적 지도자가 됨으로써 '동양의 루소'라고도 불린 사상가이다.

17 이시다키石抱. 삼각형 모양의 나무들로 구성된 판 위에 꿇어앉힌 다음 무릎 위에 석판을 쌓아올리는 고문.

18 1875~1973. 메이지, 다이쇼, 쇼와의 정치인.

19 프랑스의 실증주의 철학자이자 사회학자로 《자살론Le Suicide》등의 저서를 남겼다.

20 19세기 영국의 공리주의 철학자로 《자유론》이 가장 대표적인 저서이다.

21 메이로쿠샤 결성에 참여한 계몽 사상가.

22 메이지, 다이쇼 시대의 정당정치가로 11대 중의원 의장을 역임한 바 있다.

23 프랑스 혁명 초기에 헌법제정의회가 채택한 노동자 단결 금지법.

24 독일의 법학자 · 정치학자. 《정치신학》, 《정치적인 것의 개념》, 《대지의 노모스》, 《독재론》 등의 저서를 남겼다.

25 전문과 본문 17개조, 발문 등으로 이루어졌으며 1791년에 발표되었다.

26 프랑스의 극작가 겸 정치 활동가.

27 1753~1821. 신비주의자로 프랑스 혁명의 원인을 신의 응징이라고 해석했다.

28 가장의 절대적 지휘에 의해 통솔되는 동족단을 가리킨다. 구성원이 반드시 혈연자여야 할 필요는 없으며, 가장과 구성원의 관계는 계보 관계의 질서에 따라 절대적인 지배 · 복종의 관계에 있었다. 가장의 구성원에 대한 지배는 보통 구성원들의 일상 생활에 대한 전적인 보호를 수반하는 것으로 여겨졌다.

29 보아소나드Gustave Emile Boissonade(1825~1910). 프랑스 법학자로 메이지 시대에 일본의 법체계 구축에 기여했다.

30 공서양속公序良俗의 줄임말로 공공질서와 미풍양속을 가리킨다.

31 개인주의가 만연된 결과로 초래된 도덕성의 상실에 대한 위기감 속에서 이를 극복하기 위한 방안으로 제시되었으며, 개인주의나 자유주의의 기본 가치인 자유나 권리보다는 상대적으로 평등이나 책임 등의 가치를 중시한다.

32 법률상의 의사 표시에서 당사자의 내심의 의사를 객관적인 표시 행위보다 중시하는 것을 가리킨다.

33 1218년에 창설된 세계 최고最古 대학 중 하나인 살라망카Salamanca대학을 중심으로 형성된 학파. 16세기의 인플레이션 격화로 야기된 경제적 혼란에 대해 자연법 정신으로 답하려 했다. '공정한 가격' 이란 자연스러운 교환에 의해 확립된 가격 이상도 이하도 아니라고 정의한 것으로도 유명하다.

34 지식(지성)이야말로 세계의 근원이라는 입장에서 의지나 감정보다 지성을 중시한다.

35 독일 공법학자이며 대표적인 저서로 《기본권론》 등이 있다.

36 1890년에 도쿠토미 소호德富蘇峰가 창간한 신문.

37 메이지, 다이쇼 시대에 활약한 평론가·역사가.

38 법학적 국가론을 체계화한 19세기 독일의 대표적인 공법학자이다.

39 순수 법학을 제창하고 법단계설을 수립한 오스트리아계 미국인 법학자이다.

40 군주 절대주의의 입장에 선 헌법론을 주창하며 대두하고 있던 민권파 헌법 이
론에 대해 강경한 반대론을 전개한 법학자로 구민법 시행에 즈음해 1891년에
〈민법이 나와 충효가 없어졌다〉는 논문을 발표해 민법에 가장권家長權 존중을
삽입하게 하는 데 큰 역할을 했다.

41 명예혁명의 결과로 1689년에 성립된 인권선언이다.

42 위헌 법률 심판에서 심사의 강도에 차등을 두는 것을 가리킨다. 즉 자유 개념
을 일단 정신적 자유(특히 언론의 자유를 강조)와 경제적 자유(특히 재산권을 강조)
로 이분하고 정신적 자유 개념에 경제적 자유보다 우월적인 지위를 부여해 정
신적 자유와 관계된 입법에 대해서는 경제적 자유에 대한 가치보다 엄격한 사
법 심사를 해야 한다는 것을 주된 내용으로 하는 재판 기준을 의미한다.

43 법적 안정성을 확보하기 위해 "헌법 정신에 합치되도록 해석될 여지가 조금이
라도 있다면 합헌으로 판단한다"는 원칙을 가리킨다.

44 원래 국민이 국가에 대해 갖는 기본권이 국가가 아닌 다른 존재에 대해서 갖는
효력을 가리킨다.

45 기본권 규정이 사법 질서에 적용되는 것은 직접 적용되는 것이 아니라 사법상
의 일반 조항을 통해 간접적으로 적용되어야 한다는 것으로, 궁극적으로 전체
법질서와 사법 질서의 독자성을 조화시키는 입장이라고 할 수 있다.

46 일반인의 이해가 걸린 중요한 문제를 다툴 때에는 서로 충돌하는 다양한 이해
관계와 의견을 공평하게 다루어야 한다는 원칙으로 쟁점 사안에 대한 소수 의
견이나 반대 의견이 표명될 수 있는 기회를 보장하려는 것이다.

47 독일 태생의 유태인 철학사상가로 사회적 악과 폭력의 본질에 대해 연구했으
며 전체주의를 통렬히 비판했다. 《전체주의의 기원》 이외에 《인간의 조건》, 《예
루살렘의 아이히만》, 《폭력론》, 《혁명론》 등의 저서가 있다.

⁴⁸ 영국의 정치가 · 정치사상가로 보수주의의 대표적 이론가였다.

⁴⁹ 1622~1673. 프랑스 극작가로 〈타르튀프〉, 〈동 쥐앙(돈 후안)〉, 〈인간 혐오자〉 등의 희극을 남겼다.

⁵⁰ 1921~2002. 하버드대학 정치철학 교수로《정의론》,《공정으로서의 정의》등의 저서가 있다.

⁵¹ 1931년생. 미국의 철학자 · 헌법학자.

⁵² 1938~2002. 미국의 자유주의 사회철학자로, 국가 권력이 자유를 더 이상 제약할 수 없다는 자유주의 국가론을 주장했다.

⁵³ 노직에 의해 주장된 자유 지상주의를 가리킨다.

⁵⁴ 1927년생. 이탈리아 법학자로《이탈리아 법체계*The Italian legal system*》등의 저서가 있다.

⁵⁵ Paul Valery(1871~1945). 프랑스의 시인으로 〈젊은 파르크〉, 〈매혹〉, 〈바다의 묘지〉, 〈비너스의 탄생〉, 〈잠자는 여인〉 등의 작품이 있다.

⁵⁶ 법률이 헌법 규정에 따라 성립한 것을 인정하고 그것에 집행력을 부여하는 행위.

⁵⁷ 1938년생. 프랑스 법학자.

⁵⁸ 처칠과 루스벨트가 대서양에서 만나 회담하고 그 결과를 8개조의 평화 조항으로 구성된, 전후 세계 질서에 대한 구상으로 발표한 내용을 가리킨다.

찾아보기

【영문】

Grundrechte(기본권) 18, 21

iuris prudentia(법의 현려賢慮) 58

iuris scientia(법의 과학) 58

öffentliches Recht(공권) 18, 21

국제엠네스티 103

국제인권규약 24

권리장전 11, 48, 76

근대인의 자유 23

기본권의 제3자 효력 80

【ㄱ】

가토 히로유키加藤弘之 28

간접 효력설 81

결핍으로부터의 자유 100

고노 히로나카河野廣中 42

고대인의 자유 23

공권력 18, 23, 40, 52, 53, 73, 94, 95, 102

공평 원칙 83

공포로부터의 자유 100

국가화 39

【ㄴ】

나카무라 게이우中村敬宇 42, 43

나카에 조민中江兆民 30

노직Robert Nozick 90

【ㄷ】

다나카 쇼조田中正造 30

다수자의 전제 41

다이쇼大正 데모크라시 32

다카야나기 신이치高柳信— 108
다카하시 쇼지로高橋正次郎 43
뒤르켕E. Durkheim 39
드워킨Ronald M. Dworkin 90, 97

【ㄹ】
롤스John Rawls 90
르 샤플리에법 45

【ㅁ】
마그나 카르타 11
모든 형태의 인종 차별 철폐에 관
　한 국제 조약 100
문화다원주의 14, 15, 50, 62
미야자와 도시요시宮澤俊義 107
미주인권협약 102
바이마르헌법 54, 74, 77
뱅자맹 콩스탕B. Constant 23
버크Edmund Burke 85
법적 휴머니즘 60, 61
부아소나드 가족법 53

블랑딘 크리에젤Blandine Kriegel 58

【ㅅ】
사라만카 학파 58
사회적 전제 41, 42, 81, 111
《삼취인경륜문답》 30
세계인권선언 20, 24, 100, 101
신앙의 자유 100

【ㅇ】
아동의 권리에 관한 조약 100
아시베 노부요시芦部信喜 108
아프리카인권헌장 102
야마지 아이잔山路愛山 65
여성 및 여성 시민의 제 권리 선언
　49
여성에 대한 모든 형태의 차별 철
　폐에 관한 조약 100
옐리네크G. Jellinek 73, 74
오카다 도모요시岡田與好 43, 44
올랭프 드 구주Olympe de Gouges 49

〈요시야부시よしや節〉 27

우선 처우 조치 86

우에키 에모리植木枝盛 27

우월적 자유 78, 83, 95

원의주의 96

위헌 심사제 혁명 77, 90, 92, 93, 102

유럽인권위원회 101

유럽인권재판소 92, 101, 102

유엔헌장 100

은사恩賜적 민권 30

의사주의 57, 97, 98

이쓰카이치五日市 헌법 사안 26

이중 기준 77, 78, 83, 95

이토 히로부미伊藤博文 29

인간 및 인민의 권리에 관한 하프리카헌장 24

인간과 시민의 제 권리 선언 19

인간의 권리 및 자유 선언 12

인권과 기본적 자유의 보호에 관한 유럽 조약 101

《인권신설人權新說》 28

일본국국헌안 26

【ㅈ】

자연법 규범 58

자유민권 25, 27, 28

정치적 압제 41, 42, 79, 111

제3세대의 인권 22

존 스튜어트 밀 41, 79, 111

주지주의主知主義 56, 59

지바 다쿠사부로千葉卓三郎 26

【ㅊ】

천부인권 25, 27, 28, 31

철학적 휴머니즘 60

치안유지법 25

【ㅋ】

카를 슈미트Carl Schmitt 48, 99

카펠레티M. Cappelletti 92, 102

켈젠Hans Kelsen 73, 74

퀴네J. D. Kühne 47

【ㅌ】

트로페르M. Troper 97

【ㅍ】

페미니즘 14, 49, 52

포츠담선언 20, 32

표현의 자유 78, 83, 84, 89

【ㅎ】

하나사키 고헤이花崎皋平 67

하야시 다케지林竹二 30

한나 아렌트Hannah Arendt 84, 85

헌법 발포 칙어 29

헌법 사안 26

헤벌레Peter Häberle 62

헬싱키선언 101

회복恢復적 민권 30

한 단어 사전, 인권

◉ 2013년 4월 27일 초판 1쇄 인쇄
◉ 2013년 4월 29일 초판 1쇄 발행
◉ 글쓴이   히구치 요이치
◉ 기획   한림대학교 한림과학원
◉ 옮긴이   송석원
◉ 발행인   박혜숙
◉ 책임편집   허태영
◉ 디자인   조현주
◉ 영업·제작   변재원
◉ 펴낸곳 도서출판 푸른역사
   우 110-040 서울시 종로구 통의동 82
   전화: 02)720-8921(편집부) 02)720-8920(영업부)
   팩스: 02)720-9887
   전자우편: 2013history@naver.com
   등록: 1997년 2월 14일 제13-483호
ⓒ 한림대학교 한림과학원, 2013

ISBN   978-89-94079-87-5 93900
세트   978-89-94079-89-9 93900

* 이 저서는 2007년 정부(교육과학기술부)의 재원으로 한국연구재단의 지원을 받아 간행되었음(NRF-2007-361-AM0001).